KNIHA - SPOLOČNÍK

Prvé vydanie
Autor: © Mgr. Mária Gryczová, 1997
KNIHA - SPOLOČNÍK 1997
Autor obálky: Marta Pavlíková

ISBN 80–88814–06–5

Mária Gryczová

ANGLICKO - SLOVENSKÝ SLOVNÍK

idiomatické väzby
ustálené spojenie

KNIHA-SPOLOČNÍK

ÚVOD

Tento anglicko-slovenský slovník frazeologických väzieb a ustálených spojení zahŕňa približne 2.000 anglických väzieb a spojení. Je určený všetkým tým, ktorí bežne prichádzajú do kontaktu s angličtinou a pracujú s textom.

Myslím, že poslúži aj ako pomôcka pri rozširovaní slovnej zásoby.

Aby sme lepšie pochopili význam a používanie anglických ustálených väzieb a spojení, jednotlivé heslá v abecednom poradí, sú doložené anglickými vetami, v ktorých nájdeme tú-ktorú väzbu či spojenie.

Tieto heslá obsahujú anglickú frazeologickú väzbu alebo ustálené spojenie, slovenský ekvivalent a použitie anglickej väzby či spojenia vo vete.

Pri tvorbe tohto slovníka úprimne ďakujem Danielovi Markušovi za množstvo cenných informácií.

Samozrejme, tento slovník by nemohol vzniknúť bez štúdia primárnych prameňov, z ktorých uvediem Dictionary of Idioms.

autorka

A

A to Z ... *od začiatku do konca ...*
Peter went through the whole
explanation from A to Z.
Peter prešiel celý výklad od
začiatku do konca.

ABOUT

...about... ... o ...
Tell me about your school.
Povedz mi o svojej škole.
And what about you ? A čo ty?

...about five /o´ clock/... ... asi o piatej ...
Come to see me at about
six. Navštív ma asi o 6.

...about fifty books... ... asi 50 kníh ...
I´ve read about ten books.
Prečítal som asi desať kníh.

...crazy about tennis... ... zbláznený do tenisu ...
My older brother is crazy
about tennis. Môj starší brat je
zbláznený do tenisu.

...be about to ... ... chystať sa ...
We´re about to land at this
airport. Chystáme sa pristáť na
tomto letisku.

ABSENT

... **be absent** ...   ... byť neprítomný ...
Is anybody absent? Chýba
niekto? *Who is absent ?*
Kto chýba? *Helen is absent.*
Helena chýba.

ACCIDENT

... **by accident** ...   ... náhodou ...
*We could meet by accident in
the street.* Mohli by sme sa
stretnúť náhodou na ulici.

ACCOUNT

... **on no account** ...   ... v žiadnom prípade ...
*On no account will I ask her
for help.*
V žiadnom prípade ju
nepožiadam o pomoc.

ADDRESS

... **address in full** ...   ... presná adresa ...
... **home address** ...   ... trvalé bydlisko ...
... **present address** ...   ... prechodné bydlisko ...
... **public address**
    system...   ... miestny rozhlas ...

ADMISSION

... **admission free**...   ... vstup voľný ...

ADMIT

**Children are
admitted.**   Deťom je dovolené.

ADMITTANCE
No admittance.   Vstup zakázaný. Nevstupujte.

ADULT
... **adults only** /A/ ...   ... len pre dospelých ...

ADVANCE
... **in advance** ...   ... vopred ...
Rent is payable six months in advance. Nájomné je splatné 6 mesiacov vopred.

... **the advance booking office**...   ...pokladňa s predpredajom ...

ADVANTAGE
... **take advantage of sth** ...   ... využiť niečo ...
Why didn't Peter take advantage of our offer ? Prečo Peter nevyužil našu ponuku ?

... **take advantage of sb** ...   ... využiť niekoho ...
I think he's taking advantage of you. Myslím si, že ťa využíva.

ADVICE
... **letter of advice** ...   ... avízo ...

AFFORD
... **can afford** ...   ... dovoliť si ...

I can /'t/ afford. /Ne/môžem si
dovoliť.
*We can't afford to go on
holiday this year.*
Nemôžeme si tento rok dovoliť
ísť na dovolenku.

AFRAID

I´m afraid.	Obávam sa.
I´m afraid not.	Obávam sa, že nie.
... be afraid of sth ...	... báť sa niečoho ...

Don't be afraid of this dog.
Nemusíš mať obavy z tohto
psa.

AFTER

... after all ...	... koniec koncov ...

*They couldn't give me a job
after all.* Nakoniec mi nemohli
dať prácu.

... after a while ...	... po chvíľke ...

After a while I started to work.
Po chvíľke som začal
pracovať.

... after an hour´s drive ...	... po hodinke jazdy ...
... after dark ...	... po zotmení ...

It was after dark. Bola už tma.

... after you ...	... až po tebe ...

Repeat after me. Zopakuj po
mne.

... **after my return** ...   ... po mojom návrate ...
After my return they decided to come to see me.
Po mojom
návrate sa rozhodli
ma navštíviť.

... **after six** ...   ... po šiestej ...
Every day they come home after six.
Každý deň prichádzajú domov
po šiestej.

... **day after day** ...   ... deň čo deň ...
... **year after year** ...   ... rok čo rok ...
... **the day after
tomorrow** ...   ... pozajtra ...

AFTERNOON
... **this afternoon** ...   ... dnes popoludní ...
Could you tell me about it this afternoon ?
Mohol by si mi o tom
povedať dnes popoludní ?

Good afternoon.   Dobrý deň. /po 12.OO/

AFTERWARDS
... **shortly
afterwards** ...   ... zakrátko... ... potom
There was a meal shortly afterwards.
Potom bolo jedlo.

AGE

... at the age of seven ...

... v siedmych rokoch ...
He wrote music at the age of six.
Hudbu písal v 6 rokoch.

... come of age ...

... dosiahnuť plnoletosť ...
He came of age last year.
Minulý rok sa stal plnoletým.

... from the age of six ...

... od šiestich rokov ...
I haven't seen Peter from the age of six.
Nevidel som Petra od šiestich rokov.

... the same age ...

... rovnako starí ...
Are they the same age ?
Sú rovnako starí ?

... under age ..

.... neplnoletý ...
Peter is under age.
Peter je neplnoletý.

... ages ...

... večnosť ...
It takes ages.
Trvá to večnosť.

... for ages ...

... už roky ...
I haven't seen you for ages.
Nevidel som ťa už roky.

AGO

... **minutes/an hour/** ... **10 years ago** ...	... pred ...
	I left my office an hour ago. Odišla som z kancelárie pred hodinou.
... **a fortnight ago** ...	... pred 14 dňami ...
... **a long time ago** ...	... dávno ... *I met Tom, a very long time ago.* Stretla som Toma veľmi dávno.
... **not long ago** ..	... nedávno ...

AGREE

... **agree to, with** ...	... súhlasiť s ... *I agree with your proposal.* Súhlasím s vašim návrhom.
... **agree on** ...	... dohodnúť sa na ... *They agreed on a date for the wedding.* Dohodli sa na dátume svadby.

AHEAD

Go ahead !	Hovorte ! /v telefónnej ústredni/

AIR

... **air-sick** ...	... nevoľnosť v lietadle ... *I am air-sick.* Je mi zle.
... **air travel** ...	... cestovanie lietadlom ...

| ... be on the air ... | ... hovoriť v rozhlase, televízii ...
My husband is on the air today.
Dnes je v rozhlase môj manžel. |

... in the open air ...   ... pod šírym nebom ...
...na čerstvom vzduchu ...
You must spend a lot of time in the open air.
Musíš tráviť veľa času na čerstvom vzduchu.
Sleeping in the open air.
Spánok na čerstvom vzduchu.

... open-air theatre ...   ... amfiteáter ...

ALIGHT

Do not alight while the bus is in motion.   Nevystupujte, dokiaľ autobus nezastaví.

ALL

... all ...   ... všetko, všetci ...
Welcome to all.
Vitajte všetci.
That's all for today.
To je pre dnešok všetko.
All that glitters is not gold.
Nie je všetko zlato, čo sa blyští.
All are here.
Všetci sú tu.

... **all but** ...	... skoro ...
	... takmer ...
	Her crying all but drowned out the music.
	Jej plač takmer prehlušil hudbu.
All change !	Končíme !
... **all day long** ...	... celý deň ...
	It rained all day long.
	Pršalo celý deň.
... **all over the world** ...	... na celom svete ...
	Earth Day is a holiday all over the world.
	Deň Zeme je sviatkom na celom svete.
... **all over the country** ...	... v celej krajine ...
... **all right** ...	... v poriadku ... ... dobre ...
	That´s all right.
	To je v poriadku.
	Nič sa nestalo.
	I´m all right.
	Som v poriadku.
	I´m quite all right.
	Mám sa celkom dobre.
	Is that all right for you ?
	Vyhovuje ti to ?
... **all the members** ...	...všetci členovia ...
	All the members of our family.
	Všetci členovia našej rodiny.

... **best of all** ...	... najradšej ... *Which animal do you like* *best of all ?* Ktoré zviera máš zo všetkých najradšej ?
... **first of all** ...	... predovšetkým ... ... najskôr / v poradí / ... *First of all I get up, then* *I wash my face and I have* *breakfast.* Najskôr vstávam, potom si umývam tvár a potom raňajkujem.
... **/not/ at all** ...	... vôbec /nie/ ... *I don't know Bratislava at all.* Vôbec nepoznám Bratislavu.

ALLOW
Allow me.   Dovolíte ?

ALONG
... **along with** ...	... spolu s ... *Along with hundreds of others,* *he had invested his money.* Spolu so stovkami iných investoval svoje peniaze.
... **move along** ...	postupovať ďalej ... *Move along.* Postupuj/te/ ďalej.
... **step along** ...	... postupovať ďalej ...

A. M.
It´s seven a.m.   Je sedem hodín ráno.

AMONG
... among the people ... ... medzi ľuďmi ...
He was famous among the
people.
Bol známy medzi ľuďmi.

ANGRY
... angry with/at ... ... nahnevaný na ...
She was angry with him.
Bola na neho nahnevaná.

ANSWER
Answer as best
as you can.   Odpovedz, čo najlepšie.
Answer the question. Odpovedz na otázku.
... a difficult question
to answer ...   ... otázka, na ktorú sa ťažko
odpovedá ...

... answer the
telephone ...   ... zdvihnúť telefón ...

ANXIOUS
... be anxious about ... ... mať starosť /báť sa / ...
I´m anxious about
my mother.
Mám starosť o svoju mamu.

ANY
Any more fares ?   Je ešte niekto bez lístka ?
... /at/ any time ...   ... kedykoľvek ...

... **not ... any ...**	... žiadny ...
... **any old how ...**	... neopatrne, nedbanlivo ...
	The cups were arranged on the shelves any old how.
	Šálky boli nedbanlivo usporiadané na poličkách.
... **anyone else ...**	... ešte niekto ...
	Do you know anyone else who wants to go with us ?
	Poznáš ešte niekoho kto chce ísť s nami ?
... **anything but ...**	... nie je ...
	This is anything but easy.
	Toto nie je ľahké.
... **not anything like ...**	... nič ...
	He´s not anything like as handsome as he looks in photos.
	On nie je taký pekný ako na fotke.
... **not anywhere near ...**	... nikde ...
	My car wasn´t anywhere near yours.
	Moje auto nebolo vedľa tvojho.

APPEAL

It doesn´t appeal to me.	Nepáči sa mi to.

APPLE

... **apple pie** ... ... jablkový koláč ...
Do you like apple pie ?
Máš rád jablkový koláč ?

... **the apple
  of someone´s eye** ... ... niekoho miláčik ...
*Doris was always the apple
of her mother´s eye.*
Doris bola vždy miláčikom
svojej matky.

APPLICATION

... **submit
  an application** ... ... podať žiadosť ...
*All applications must be
submitted by Friday.*
Všetky žiadosti musia byť
podané do piatku.

... **application form** ... ... prihláška ...

APPLY

... **apply for** ... ... žiadať o ...
*I applied for the post in his
company.*
Žiadal som o prácu v jeho
spoločnosti.

APPROVAL

... **on approval** ... ... čakať na súhlas ...
... **for ... approval** ... *I am waiting for his approval.*
Čakám na jeho súhlas.

ARRANGE

... **arrange to do sth** ... ... niečo zariadiť ...
Have you arranged to meet Peter ?
Dohovoril si schôdzku s Petrom ?

ARRIVAL

Arrivals. Príchody. Prílety.
... **the time of arrival** ... ... čas príchodu ...

ARROW

... **follow the arrow** ... ... v smere šípky ...
Follow the red arrows.
Choď po červených šípkách.

ART

... **the fine arts** ... ... výtvarné umenie ...
... **a work of art** ... ... umelecké dielo ...

AS

... **as ... as** ... ... taký ... ako ...
I'm as tall as Peter.
Som taký vysoký ako Peter.

... **as soon as** ... ... len čo ...
... **just as** ... ... práve taký ...
Mary is tall, but her friend is just as tall.
Mary je vysoká, ale jej priateľka je práve taká vysoká.

... **as usual** ...	... ako zvyčajne ...
	He was late as usual.
	Ako zvyčajne, prišiel neskoro.
... **as far as** ...	... až do ...
	The flood waters had come up as far as the house.
	Rozvodnené vody sa dostali až do domu.
... **as for** ...	... pokiaľ ide o ...
	As for me.
	Pokiaľ ide o mňa.
... **as well** ...	... tiež ...
	Why don´t you come along as well ?
	Prečo nepôjdeš tiež ?
... **as well as** ...	... práve tak ako ...
	They own a house in France as well as a villa in Turkey.
	Vlastnia dom vo Francúzsku práve tak ako vilu v Turecku.

ASK

... **ask after**
  someone ...   ... pýtať sa na niekoho ...
Your teacher was asking after you this morning.
Tvoj učiteľ sa pýtal na teba dnes ráno.

I told him you´re much better now.
Povedal som mu, že sa máš oveľa lepšie.

... ask a question ...   ... položiť otázku ...
                                      I always ask awkward questions.
                                      Vždy kladiem trápne otázky.

... ask sb ...   ... požiadať niekoho ...
... ask the conductor ...   ... požiadať sprievodcu ...
                                      If you don´t ask the conductor
                                      Ak nepožiadate sprievodcu...

... ask the way ...   ... pýtať sa na cestu ...
                                      Ask him the way.
                                      Spýtaj sa ho na cestu.

... ask sb in ...   ... pozvať niekoho ...
                                      May I ask you in ?
                                      Môžem Vás pozvať ďalej ?

... ask sb out ...   ... pozvať niekoho ...
                                      /väčšinou opačného pohlavia /
                                      Peter wants to ask her out.
                                      Peter ju chce pozvať.

ASLEEP

... be asleep ...   ... spať ...
... fast/sound asleep ...   ... veľmi tvrdo spať ...
                                      My brother is still fast asleep.
                                      Môj brat ešte tvrdo spí.

... fall asleep ...	... zaspať ... *I always fall asleep watching TV.* Vždy zaspím, keď pozerám telku.

... at school/work/ home ...	... v škole/práci/doma ... *We're at work.* Sme v práci.
... at breakfast/ /lunch ...	... raňajkovať/obedovať ... *I'm sorry, I'm at lunch just now.* Ľutujem, práve teraz obedujem.
... at the moment ...	... teraz ... *We're very tired at the moment.* Teraz sme veľmi unavení.
... at any time ...	... kedykoľvek ...
... at five /o´clock/ ..	... o piatej ... *I must be there at five.* Musím tam byť o piatej.
... at noon/midday ...	... na poludnie ...
... at Christmas time ...	... cez Vianoce ...
... good at/ bad at ...	... dobrý v/zlý v ... *She is good at English.* Je dobrá v angličtine.

... **at least** ...	... aspoň, najmenej ...
	She has to learn English at least half an hour every day.
	Musí sa učiť angličtinu najmenej pol hodinky každý deň.
... **at last** ...	... napokon ...
	I'm pleased that my mother got a job at last.
	Teším sa, že moja mama napokon získala prácu.

ATTEND

... **attend school** ...	... navštevovať školu ...
	All children between the ages of 6 and 13 must attend school.
	Všetky deti medzi 6 a 13 rokom musia navštevovať školu.

ATTENTION

... **pay attention** ...	... dávať pozor ...
	Pay attention, Peter.
	Dávaj pozor, Peter!
... **pay no attention to** ...	... nevenovať niekomu pozornosť ...
	Don't pay any attention to her.
	Nevenuj jej žiadnu pozornosť.
... **stand to attention** ...	... postaviť sa do pozoru ...

*All the men stood to
attention.*
Všetci muži sa postavili do
pozoru.

AVERAGE

... **on average** ...   ... v priemere ...
*On average, men smoke more
cigarettes than women.*
V priemere muži fajčia viac
cigariet ako ženy.

... **above/below
average** ...   ... nad/pod priemer ...

AWAKE

... **wide awake** ...   ... zobudený ...
*Her baby was wide awake at
midnight.*
Jej dieťa bolo o polnoci hore.

AWFUL

... **look/feel awful** ...   ... vyzerať/cítiť sa hrozne ...
Tom looks awful.
Tom vyzerá hrozne.

B

BABY

... sleep like a baby ...   ... spať ako poleno ...
                              Peter slept like a baby.
                              Peter spal ako poleno.

BACK

... back and forth ...   ... hore - dolu, sem a tam ...
                              I spent years going back and
                              forth between the two offices.
                              Trávil som roky chodením
                              hore-dole medzi dvoma
                              kanceláriami.

... be back ...   ... vrátiť sa ...
                              I must be back at seven.
                              Musím sa vrátiť o siedmej.

... a back garden ...   ... záhradka za domom ...
... at the back ...   ... vzadu ...
... back at home ...   ... opäť doma ...
Play back this song.   Prehraj/te/ túto pieseň.

BAD

... go from bad
to worse ...   ... ísť z kopca ...
                              Your work has been going
                              from bad to worse for a long
                              time. Tvoja práca už dlho ide
                              z kopca.

... **too bad** ...   ... smola ...
                              That´s too bad.
                              Máš smolu.

BALL
... **have a ball** ...   ... mať sa dobre ...
                              We had a ball at the party
                              yesterday.
                              Včera na večierku
                              sme sa mali dobre.

BANANAS
...**be bananas** ...   ... blázon, hlupák ...
                              You paid 3000 crowns
                              for that?
                              You must be bananas.
                              Zaplatil si 3000 korún
                              za toto?
                              Musíš byť blázon.

BARS
... **behind bars** ...   ... za mrežami ...
                              They were behind bars
                              for three years...
                              Boli za mrežami tri
                              roky...

BATH
... **have a bath** ...   ... kúpať sa ...
                              /act of washing your
                              body/
                              I have a bath every day.
                              Kúpem sa každý deň.

... **sunbathe** ...
/in the sun/ ... opaľovať sa ...

BEAR
... **can't bear** ... ... nezniesť niekoho/niečo ...
I can't bear him.
Nemôžem ho zniesť.

... **bear sb a grudge** ... ... byť zaujatý ...
He bears a grudge against me.
Je proti mne zaujatý.

... **bear sb a child** ... ... porodiť dieťa ...
She bore him one son and two daughters.
Porodila mu syna a dve dcéry.

BECAUSE
... **because of** ... ... kvôli ...
It's all because of you.
Všetko je to kvôli tebe.

BECOME
... **what has become of** ... ... čo sa stalo s ...
What became of that book you were planning to write?
Čo sa stalo s tou knihou, ktorú si mal v pláne napísať?

| ... become slim ... | ... schudnúť ... |
| ... become rich ... | ... zbohatnúť ... |

BED

| ... bed and breakfast ... | ... izba s raňajkami ... |
| ... time for bed ... | ... čas spánku ... |

It´s time for bed.
Je čas ísť spať.

| ... get out of bed on the wrong side ... | ... vstávať nahnevaný /bez príčiny/... |

What´s the matter with him today?
Čo mu dnes je?
Did he get out of bed on the wrong side?
Vstával hore zadkom?

| ... not a bed of roses ... | ... ustlaný na ružiach ... |

Life isn´t always a bed of roses.
Život nie je vždy ustlaný na ružiach.

| ... you´ve made your bed and you must lie on it ... | ... ako si ustelieš, tak si ľahneš ... |
| ... wet the bed ... | ... počurávať sa ... |

She´s started to wet the bed at night.
Začala sa v noci počurávať.

B

BEFORE

... the day before
   yesterday ...   ... predvčerom ...
                                I saw Peter the day before
                                yesterday. Predvčerom som
                                videl Petra.
... the night before ...   ... včera večer ...

BEG

... beg to differ ...   ... nesúhlasiť ...
                                I beg to differ.
                                Dovolím si nesúhlasiť.

BEGIN

... at the very
   beginning ...   ... na samom začiatku ...
                                He paid our rent at the very
                                beginning of this month.
                                Zaplatil náš nájom na samom
                                začiatku tohto mesiaca.

... the beginning
   of the end ...   ... začiatok konca ...
                                His drinking was
                                the beginning of the end.
                                Jeho pitie bol začiatok konca.

BEHAVE

... behave yourself ...   ... správať sa slušne ...
                                Did Tom behave himself while
                                I was away?
                                Správal sa Tom slušne zatiaľ
                                čo som bola preč?

BELIEVE

... believe it or not ...	... veriť či nie ...
	Well, believe it or not, they've granted me a loan.
	Nuž, veríš či nie, poskytli mi pôžičku.
... can´t believe your eyes ...	... neveriť vlastným očiam ...
	I can´t believe my eyes.
	Neverím vlastným očiam.

BELL

... to give someone a bell ...	... zavolať niekomu ...
	I´ll give you a bell tomorrow.
	Zajtra ti zavolám.
... the bell goes ...	... zvoní ...
	The bell went at 3. Zazvonilo o 3

BEST

Best of luck.	Veľa šťastia.
All the best.	Všetko najlepšie.
... best ...	... najradšej ...
	I like English the best.
	Najradšej mám angličtinu.
... best of all ...	... najradšej zo všetkého ...
	Which animal do you like best of all?
	Ktoré zviera máš zo všetkých najradšej?

BETTER

... better off ...	... mať viac peňazí ...
	Those who do not work are better off than those who do. Tí, ktorí nepracujú majú viac peňazí, ako tí, ktorí pracujú.
... feel better ...	... cítiť sa lepšie ... /ako výsledok/
	Go for a walk - you´ll feel better. Choď sa poprechádzať - budeš sa cítiť lepšie.
... get better ...	... zlepšiť sa ...
	If the weather gets better, we could go for a walk. Ak sa zlepší počasie mohli by sme ísť na prechádzku.
... much better /far better/ a lot better ...	... oveľa lepšie ...
	I´m feeling much better. Cítim sa oveľa lepšie.

BEWARE

...beware /of/ ...	*Beware of the dog!* Pozor, zlý pes!

BIG

... make it big ...	... stať sa veľmi úspešným ...
	He suddenly made it big in Paris. Zrazu sa stal úspešným v Paríži.

BIGGER

... the bigger the better ...	... čím viac, tým lepšie ...

Tell them to come to see us - the bigger the better.
Povedz im, aby nás prišli navštíviť - čím nás bude viac, tým lepšie.

BIKE

... on yer bike = *go away* ...   ... ísť preč ...

/yer here, means your/ *I'll give you 100 crowns for this toy. Oh, on yer bike.*
Dám ti stovku na tú hračku. Choď už!

BILL

... bill ...   ... účet ...
My bill, please. Platím.

... top the bill ...   ... hviezda ...
/najdôležitejšia osoba, ktorá hrá/
Who's topping the bill in this play?
Kto je hviezdou?

BIRD

... bird brain ...   ... hlúpy /menej inteligentný/...
What's he like? Well, he seems like a bit of a bird brain.
Aký je? Nuž zdá sa, že je trošku hlúpy.

B

... bird´s eye view ...   ... z vtáčej perspektívy ...
From the plane we had
a bird's eye view of the town.
Z lietadla sme videli mesto
z vtáčej perspektívy.

... early bird ...   ... ranné vtáčatko ...
My sister is an early bird.
She gets up at six.
Moja sestra je ranné vtáčatko.
Vstáva o 6.

... kill two birds with
one stone ...   ... zabiť dve muchy jednou
ranou ...

BIRTH

... date of birth ...   ... dátum narodenia ...
What's your date of birth?
Kedy si sa narodil?

... give birth ...   ... porodiť ...
My sister gave birth to a baby
girl on Sunday.
Moja sestra porodila dcéru
v nedeľu.

BIRTHDAY

... birthday ...   ... narodeniny ...
My birthday is on
7 th June.
Narodeniny mám 7.júna.
Happy birthday.
Šťastné narodeniny.

... **a birthday party** ... ... narodeninový večierok ...

... **in your birthday**
  suit ...   ... byť nahý ...
I was standing there in my birthday suit.
Stála som tam nahá.

BIT

... **a bit of** ...   ... trochu /kúsok niečoho ...
Let me give you a bit of advice.
Nechám si od teba trochu poradiť.

... **for a bit** ..   ... na chvíľku ...
... **quite a bit of time** ... ... množstvo času ...
... **bit by bit** ..   ... krok za krokom/kúsok za kúskom ...
She tidied her room up bit by bit.
Upratovala si izbu kúsok za kúskom.

BLACK

... **black and blue** ...   ... modriny ...
He was black and blue all over.
Všade bol samá modrina.

... **black and white** ...   ... čierne na bielom ...
I'd like to see it in black and white.
Rád by som to videl /napísané/ čierne na bielom.

B

| ... black magic ... | ... čierna mágia ... |
| ... black humour ... | ... čierny humor ... |

BLAME

| ... to blame ... | ... byť príčinou niečoho zlého ... |

You have only yourself to blame.
Za to si môžeš ty sám.
Don't blame me.
Neviňte ma!

BLOOD

| ... bad blood ... | ... zlá krv ... |

*Bad blood between these two
women is a major barrier
to their communication.*
Zlá krv medzi týmito dvomi
ženami je hlavnou prekážkou
ich komunikácie.

| ... fresh blood/ new blood ... | ... nová krv ... |

/nové nápady, energia /
*It's good to have some new
blood in the department.*
Je dobré mať na oddelení
novú krv.

BLUE

| ... out of the blue ... | ... nečakane sa objaviť ... |

*Peter appeared again out
of the blue after five years.*
Peter sa zasa objavil po piatich
rokoch.

... **got the blues** ......   smutný, beznádejný ...
When I get the blues I go for
a bike ride. Keď som smutný
/mám krízu/ idem sa bicyklovať.

BOARD
... **full board** ...   ... plná penzia ...
... **partial board** ...   ... polovičná penzia ...
... **board** ...   ... nastúpiť do
autobusu/vlaku/lietadla ...
Passengers are asked to board
a quarter of an hour before
departure time.
Cestujúci žiadajú nastúpiť
štvrť hodinku pred odchodom.

BOAT
... **by boat/in a boat** ...   ... cestovať loďou ...
I like to travel by boat.
Rád cestujem loďou.

... **be in the same**
boat ...   ... byť na rovnakej lodi ...
We´re all more or less
in the same boat.
Všetci sme viac-menej
na rovnakej lodi.

BOB
... **and Bob´s your**
uncle ...   ... a je to! /It´s gone down!/
Hold your breath, and Bob´s
your uncle! Zadrž dych, a je to!

B

BODY

... over my dead body ...	... len cez moju mŕtvolu ...

BOOK

... book ...   ... objednať ...
I want to book a sleeper.
Chcem si objednať spací
vozeň.

... in my book ...   ... podľa môjho názoru ...
In my book, he was right.
Podľa mňa, mal pravdu.

BORED

... bored stiff/bored
to death/bored
to tears ...   ... unudený na smrť ...
*You'd be bored stiff in a job
like that.*
Unudil by si sa k smrti v práci
ako je táto.

BORN

... born ...   ... narodený ...
I was born in Bratislava.
Narodil som sa
v Bratislave.
I was born on 7th June.
Narodila som sa 7. júna.

... newly-born ...   ... nedávno narodený
/novorodenec ...

... **born and bred** ...	... rodený ... *He´s a Londoner, born and bred.* Je rodený Londýnčan.
... **not born yesterday**	*I wasn´t born yesterday.* Nie som včerajšia.

BOTH

... **both of them** ...	... oni obaja ...
... **both ... and** ...	... aj ... aj ...

BOTTOM

... **at the bottom of** ...	... na konci ... *Sign your name at the bottom of the page.* Dolu sa podpíš.

BOY

... **little boy** ...	... chlapček/synček ... *How is your little boy?* Ako sa má tvoj synček?

BOX

... **a box of chocolates** ...	... krabica čokoládových cukríkov ...

BRAIN

... **brains** ...	... mozgy ... *Some of our best brains are leaving the country.* Niektoré naše najlepšie mozgy opúšťajú krajinu.

B

... in the brain ...	... v hlave ...
	I´ve got that song in my brain today.
	Dnes mám v hlave túto pieseň.

BREAD

... bread and butter/ buttered bread ...	... chlieb s maslom ...

BREAK

... break a/one´s promise ...	... porušiť sľub ...
	She broke her promise to help him.
	Porušila sľub, že mu pomôže.
... lunch break ...	... obedňajšia prestávka ...
	It´s time for a lunch break.
	Je čas na obedňajšiu prestávku.
... the Easter/ Christmas break ...	... veľkonočné/vianočné prázdniny ...

BREAKFAST

... have breakfast ...	... raňajkovať ...
	I *have breakfast at 7 every day*
	Každý deň raňajkujem o 7.

... have sth for breakfast ...	... raňajkovať čo ... *We had tea, and ham and eggs for breakfast.* Raňajkovali sme čaj a šunku s vajcom.
... breakfast television ...	... ranné televízne vysielanie ...

BREATH

... be out of breath ...	... stratiť dych ... *I have been running for two hours. I am out of breath.* Bežím už dve hodiny. Stratila som dych.
... hold your breath ...	... zadržať dych ... *I held my breath while Mrs. Brown read the exam results.* Zadržala som dych, zatiaľ čo pani Brownová prečítala výsledky skúšky.

BRING

... bring back ...	... vziať ... *Will you bring Peter back from school?* Zoberieš Petra zo školy?
... bring up ...	... vychovať ... *I was brought up by my sister.* Vychovala ma moja sestra.

B

BULL

... like a bull in a china shop ...	.. ako slon v porceláne ...

Tom was always like a bull in a china shop.
Tom bol vždy ako slon v porceláne.

BUS

... a bus stop ...	... autobusová zastávka ...
... the bus service ...	... autobusová doprava ...

BUSINESS

... on business ...	... služobne ...

He was away on business.
Bol na služobnej ceste.

... on some urgent business ...	... v naliehavej záležitosti ...

Hours of business.	Otváracie hodiny.

BUSY

... busy ...	... zaneprázdnený ...

I'm busy today.
Dnes mám veľa práce.

... a busy street ...	... rušná ulica ...
... as busy as a bee ...	... usilovný ako včelička ...

The children have been as busy as bees this afternoon.
Dnes poobede deti sú usilovné ako včeličky.

BUTTERFLIES

... **have butterflies** ...   ... cítiť sa nervózny ...
I always get butterflies before
an exam.
Vždy som nervózna pred
skúškou.

BUTTON

Button it!   Buď ticho! / Prestaň!

BY

... **a play by**
  Shakespeare ...   ... hra od Shakespeare ...

BYE

Good bye.   Dovidenia.
Bye - bye.   Pá - pá.
... **say good-bye to** ...   ... rozlúčiť sa ...
I said good-bye to Tom.
Rozlúčila som sa s Tomom.

... **bye - byes** ...   ... ísť spať /hovoríme
deťom / ...
Go bye-byes.
Choď spinkať.

C

CABLE
... **a cable-car** ... ... lanovka ...

CACKLE
... **cut the cackle** ... ... buď ticho a rob ...
As soon as you cut the cackle,
we´can start working.
Ak prestanete kvákať,
začneme robiť.

CAIN
... **raise Cain** ... ... urobiť peklo ...
I´ll raise Cain if I don´t get
a job.
Ak nedostanem prácu,
urobím peklo.

CAKE
... **have your cake**
and eat it ... ... mať všetko ...
You can´t have your cake
and eat it.
Nemôžeš mať všetko.

CALL
... **be called** ... ... pomenovaný ...
What was that book called?
Ako bola pomenovaná tá
kniha?

... **call a meeting/ election** ...	... zvolať/zariadiť schôdzku ... *We´ve called a meeting.* Zvolali sme schôdzu.
... **call back** ...	... znova niekomu zatelefonovať ... *We´ll call back later. We´re very busy now.* Zavoláme neskôr. Teraz sme veľmi zaneprázdnení.
... **on call** ...	... na telefóne/ doktor ... *I´ve been on call for six hours.* Som pripravený ísť pomôcť.
... **call in** ..	... zavolať niekoho ... *I think we should call in the doctor.* Myslím, že by sme mali zavolať lekára.
... **call it a day** ...	... prestať pracovať/sme unavení/ ... *Let´s call it a day and go home.* Prestaňme a poďme domov.
... **call on sb** ...	... navštíviť niekoho ... *I want to call on my friend.* Chcem navštíviť svojho priateľa.

C

... **the call of nature** ...   ... potreba ísť na záchod ...
The passengers felt the call of nature. Cestujúci potrebovali ísť na záchod.

CALM

... **the calm before the storm** ...   ... ticho pred búrkou ...
It was like the calm before the storm. Bolo ako ticho pred búrkou.

CARDS

... **identity card** ...   ... občiansky preukaz ...

... **have all the cards** ... ... mať tromfy v rukách ...
I hold all the cards, so I'll wait for her to do something. Držím všetky tromfy v rukách, tak budem čakať čo urobí.

CARE

... **care about** ...   ... mať záľubu ...
It's the books I care about. Bavia ma knihy.
I don't care about the radio. Nebaví ma rádio.
I don't care. Čo ma po tom.

... **take care** ...   ... byť opatrný ...
Take care when you are going to school. Buď opatrný, keď ideš do školy.

... rozlúčiť sa s priateľom ...
See you soon. Take care.
Čoskoro ahoj. Ahoj.

... take care
of sb/sth ...   ... starať sa o niekoho/niečo ...
I'll take care of Mary.
Postarám sa o Máriu.
... postrážiť niekoho ...
I've been taking care of him
for 20 minutes.
Strážim ho už 20 minút.

... take care to ...   ... vždy niečo urobiť ...
He always takes care to open
the window when she comes
home.
Vždy otvorí okno, keď príde
domov.

CAREFUL
...be careful ...   ... byť opatrný ...
Be careful with that book.
Buď opatrný na tú knihu.

CASE
... a case with
make-up ...   ... kabelka s kozmetikou ...

... in any case ...   ... jednako ...
In any case, I'm sure she
enjoyed herself.
Jednako som si istý, že sa tešila.

C

... in that case ...

... v tom prípade ...
I'm afraid I can't come. Well, in that case, I'm not going .
Obávam sa, že nemôžem prísť.
Nuž, v tom prípade, nejdem.

CASH

... cash in hand /pay in cash ...

... platiť v hotovosti ...
I got cash in hand for that job.
Zaplatil som v hotovosti za túto prácu.
They want you to pay in cash.
Chcú zaplatiť v hotovosti.

CAT

... copy cat ...

... opakovací somár ...

... fat cat ...

... veľká ryba /dôležitá osoba/ ...

... rain cats and dogs ...

... prší ako z krhly ...
It's been raining cats and dogs all day!
Prší ako z krhly celý deň.

CATCH

... catch a cold ...

... prechladnúť ...
If you don't put your coat on , you'll catch a cold.
Ak si neoblečieš svoj kabát, prechladneš.

CERTAIN

... for certain ...   ... bez pochýb /byť si v niečom   C
                              istý/ ...
                              I couldn´t say for certain.
                              S určitosťou to povedať nemôžem.

CHANCE

... a fifty - fifty
    chance ...   ... šanca 50 : 50 ...
... a second chance/
    another chance ...   ... druhá šanca ...
... last chance ...   ... posledná šanca ...
No chance! / fat
chance!   Bez šance.
... stand/have
    a chance of ...   ... mať nádej ...
                              *I stood a chance of getting
                              a job.*
                              Mal som nádej, že
                              dostanem prácu.

CHANGE

... small change ...   ... drobné/mince/ ...
... change for
    the better/worse ...   ... zmeniť k lepšiemu/horšiemu ...
                              *It would be a change
                              for the better.*
                              Malo by sa to zmeniť k lepšiemu.

CHARACTER

... be in/out
    of character ...   ... typické/netypické niečo pre
                              niekoho ...

C

It's very out of character
for him to be so quiet.
Je veľmi nezvyčajné, že je tak
ticho.

CHASE
... steeple-chase ...   ... beh cez prekážky /kôň/ ...

CHEEK
What cheek .   Aká drzosť!

CHEER
Cheers.   Na zdravie. /prípitok/

CHEESE
... big cheese ...   ... vplyvná osoba /veľká ryba/ ...
Every month, the big cheeses
from New York meet for dinner.
Každý mesiac sa vplyvní ľudia
z New Yorku stretávajú
na večeri.

... say cheese ...   ... povedz/te/ sýýýr /pred
fotografovaním/ ...
Say cheese!

CHICKEN
... chicken ...   ... bojko ...
Your brother is chicken.
Tvoj brat je bojko.
... **a chicken and egg**
situation/problem ...   ... neriešiteľná
situácia/problém ...

CHILD

... **an only child** ...   ... jedináčik ...
                              Tom is an only child. Tom je
                              jedináčik.

... **child´s play** ...   ... ľahké ako abeceda/nič ...
                              It´s child´s play driving a car.
                              Šoférovať auto je nič.

CHIPS

... **cash in your chips** ...... zomrieť ...
                              The old woman cashed in her
                              chips last month.
                              Stará žena zomrela minulý
                              mesiac.

CHRIST

Christ knows.   Pán Boh vie/Boh vie/.
                              She disappeared last week, so
                              Christ knows where she is
                              now.
                              Zmizla minulý týždeň, len Pán
                              Boh vie kde je.

CHRISTMAS

... **white Christmas** ...   ... biele Vianoce /zasnežené/ ...
... **Christmas carol** ...   ... vianočná koleda ...
... **Christmas**
   pudding ...   ... vianočný puding ...
... **Christmas**
   stockings ...   ... vianočné punčošky/do
                              ktorých sa deťom plnia
                              darčeky/ ...

C

... **Christmas tree** ...	... vianočný stromček ...
... **Christmas Eve**	Štedrý Večer ...
... **Christmas Day** ...	... 25. december /1.sviatok vianočný/ ...

Merry Christmas and a Happy New Year.   Veselé Vianoce a šťastlivý Nový rok.

CITY

... **city slicker** ...   ... človek z mesta ...
Peter is a city slicker. He has never lived in the countryside.
Peter je človek z mesta. Nikdy nežil na vidieku.

CLEAR

... **a clear head** ...   ... jasná hlava ...
I can't think now. I'll need a clear head.
Nemôžem rozmýšľať. Potrebujem jasnú hlavu.

... **clear a forest** ...	... klčovať les ...
... **clear the table** ...	... spratať stôl .../po najedení/
... **in the clear** ...	... bez dlhu ...

Next month I should be in the clear.
Nasledujúci mesiac by som mala byť bez dlhu.

CLOCK

... **the clock says** ...	... hodiny ukazujú ...
... **clock-work toy** ...	... hračka na kľúčik ...
The clock is slow.	Hodiny meškajú.
The clock is fast.	Hodiny idú dopredu.

...**according to the kitchen/church clock**...	... podľa kuchynských/ kostolných hodín ...
... **like clock work** ...	... ísť ako hodinky ...
... **live by the clock** ...	... žiť podľa hodín /vždy - v rovnaký čas/ ...
... **put the clock back an hour** ...	... meniť čas o hodinu skôr ...
... **put the clock forward an hour** ...	... meniť čas o hodinu neskôr ...
... **turn the clock back** ...	... vrátiť čas ...

I wish I could turn the clock back.
Želám si, aby sa vrátil čas.

CLOSE

... **come to a close** ...   ... skončiť sa ...
This day has come to a close, so I am going to bed.
Dnešný deň sa skončil, idem spať.

COCK

... **cock-and-bull story** ...   ... neuveriteľná historka ...
He gave me some cock-and-bull story about the dog eating his homework.
Narozprával mi neuveriteľnú historku o psovi, ktorý mu zjedol úlohu.

C

COLD

... cold dishes ...	... studené jedlo/jedlá ...
... ice cold ...	... veľmi studený ...
... be cold ...	... zima ...
	I am cold. Je mi zima.
	Is it cold in here?
	Je tu zima?
... go cold ...	... vychladnúť ...
	My coffee has gone cold.
	Moja káva vychladla.
... have a cold ...	... mať nádchu ...
	I have a cold. Mám nádchu.
	I have a bad cold.
	Mám silnú nádchu.

COLOUR

... change colour ...	... zmeniť farbu ...
	He changed colour at the
	mention of her name. Zmenil
	farbu, keď počul jej meno.
... local colour ...	... miestny charakter /ráz/ ...

COME

... how come? ...	... prečo ...
	How come Mary's still here?
	Prečo je tu ešte Mária?
Come again?	Čo si povedal? /alebo sme
	nepočuli alebo tomu
	neveríme/

| | *Peter's got a girlfriend. Come again?* |
| | Peter má dievča. Čo si povedal? |

... **come along** ...	... ísť s ...
	Come along with me.
	Poď so mnou.
Come along!	Ponáhľaj sa!

... **come and meet** ...	... zoznám sa ...
	Come and meet Mr. Martin.
	Zoznám sa s pánom Martinom.

... **come from** ...	... pochádzať ...
	Where do you come from?
	Odkiaľ pochádzaš?

Come here.	Poď/te/ sem.
Come in.	Poď/te/ ďalej. Vstúp/te/.
... **come and see sb** ...	... navštíviť niekoho ...
	I want to come and see my friend.
	Chcem navštíviť svojho priateľa.

COMMENT

| No comment. | Bez komentáru. |

CONGRATULATION

| Congratulations! | Blahoželám. |
| ... **congratulation sth** ... | ... blahoželať k niečomu ... |

C

COOKING
What´s cooking?   Čo sa deje?

COPY
... carbon copy ...   ... verná kópia ...
That trip was more or less
a carbon copy of the previous one.
Tento výlet bol viac-menej
vernou kópiou predošlého
výletu.

CORNER
Poet´s Corner.   Kút básnikov.
Speaker´s Corner.   Kút rečníkov.
... at the corner ...   ... na rohu ...
This car stopped at the corner
of our street. Auto zastavilo na
rohu našej ulice.

... in the corner ...   ... v rohu ...
Write your name in the top
left-hand corner of the page.
Napíš svoje meno do ľavého
horného rohu.

... the four corners
  of the world ...   ... všetky kúty sveta ...
People came from all four
corners of the world to attend
the royal wedding.
Ľudia prišli zo všetkých kútov
sveta, aby sa zúčastnili
kráľovskej svadby.

... **turn the corner** ...   ... zlepšovať sa ...
She´s been ill for a week, but
her mother thinks she´s turned
the corner now.
Je chorá už týždeň, ale jej mama
si myslí, že sa jej stav zlepšil.

... **box someone into**
a corner ...   ... tlačiť niekoho k múru ...

COUNTER
... **a parcel counter** ...   ... oddelenie pre balíky ...
... **under the counter** ...   ... pod pultom ...
I always buy some toys under
the counter.
Vždy kupujem nejaké hračky
pod pultom.

COUNTRY
... **the countryside** ...   ... vidiek ...
... **the old country** ...   ... rodná krajina ...

CRAZY
... **like crazy** ...   ... ako blázon ... /robiť niečo
veľmi rýchlo/
We have to work like crazy.
Musíme pracovať ako blázni.

CROCODILE
... **crocodile tears** ...   ... krokodílie slzy ...
Sometimes I weep crocodile
tears.
Niekedy roním krokodílie slzy.

C

CUD

... chew the cud ...   ... rozmýšľať o niečom ...
*I was still chewing the cud
about what he had said.*
Stále som premýšľala o tom,
čo mi povedal.

CUP

... not your cup
  of tea ...   ... to, čo nás nezaujíma ...
*I'm afraid this party is not my
cup of tea.*
Obávam sa, že tento večierok
ma nezaujíma.

CUT

Cut!   Stop! /pri natáčaní filmu/
... cut your finger ...   ... porezať si prst ...
*Be careful not to cut your
fingers with this knife.*
Buď opatrný, aby si si
neporezal týmto nožom prsty.

... get/have your hair
  cut ...   ... dať si ostrihať vlasy ...
*Where does Helen get her hair
cut?*
Kde si Helena nechala strihať
vlasy?

D

D

DAMAGE
What´s the damage? Čo som dlžný?

DAMN
Damn!

Do čerta!
Damn it! I´ve forgetten the keys.
Do čerta s tým! Zabudol som kľúče.

... not give a damn ... ... kašľať na niečo ...
I don´t give a damn about them.
Kašlem na nich.

DANCE
... have a dance ... ... zatancovať si ...
Let´s have a dance before we leave.
Zatancujme si, kým odídeme.

DARE
How dare you? Ako sa opovažuješ!

DARK
... the dark ... ... tma ...
My son is afraid of the dark.
Môj syn má strach z tmy.

... dark blue/green ...	... tmavo modrá/zelená farba ...
... in the dark ...	... v tme ... *He likes sitting in the* *dark.* Rád sedáva v tme.
... it gets dark ...	... stmieva sa ... *Let's go in, it's getting* *dark.* Poďme dnu, stmieva sa.
... keep sb in the dark ...	... nechať niekoho v neznalosti... *The public was kept in the* *dark...* Verejnosť nevedela...

D

DATE

... date of birth ...	... dátum narodenia ... *What's your date of birth?* Kedy si sa narodil?
... date from ...	... datovať z ... *This castle dates from the 17th* *century.* Tento hrad sa datuje zo 17.storočia.
... out of date ...	... zastaralé ... *Don't use this telephone* *directory, it's out of date.* Nepoužívaj tento telefónny zoznam, je starý.

... set a date ...	... vybrať dátum ...
	Have you already set a date for our wedding?
	Už si vybral dátum našej svadby?

... up to date ...	... moderné ...
	This dictionary is up to date.
	Tento slovník je nový.

DAWN

... dawn chorus ...	... štebot ...
	We went to bed just as the dawn chorus was starting up.
	Práve sme išli spať, keď začalo štebotanie vtákov.

DAY

... the day before yesterday ...	... predvčerom ...
... the day after tomorrow ...	... pozajtra ...
... day off ...	... voľný deň ...
... day by day ...	... deň za dňom ...
	Day by day my health was improving.
	Deň za dňom mi bolo lepšie.

... big day ...	... deň s D ...
	It's going to be a big day for him.
	Bude to pre neho veľký deň.

... a rainy day ...	... horšie časy ... *I have to put my money away* *for a rainy day.* Musím si odložiť svoje peniaze na horšie časy.
... from one day to the next ...	... z minúty na minútu ... *The weather can change from* *one day to the next.* Počasie sa môže zmeniť z minúty na minútu.
... in my day ...	... za mojich čias ... *In my day we used to get up at* *5 o´clock.* Za mojich čias sme vstávali o 5.
... live for the day ...	... žiť z dňa na deň ... *We live for the day.* Žijeme z dňa na deň.
... the best days of your life ...	... najkrajšie roky života ... *I spent the best days of my life* *in Switzerland.* Strávil som najkrajšie roky svojho života vo Švajčiarsku.
... early days ...	... je čas ... *It´s early days yet.* Ešte je čas.

D

... **the good old days** ... ... zlaté staré časy ...

... **in all my born days** ... ... za celý svoj život ...

We´ve never seen anything so stupid in all our born days.

Nikdy sme nevideli niečo tak hlúpe za celý svoj život.

... **someone´s days are numbered** ... ... jeho dni sú spočítané ...

My days are numbered.

Moje dni sú spočítané.

DEAR

... **oh dear** ... ... och, bože ...

Oh dear, I´ve missed my bus.

Och bože, zmeškala som autobus.

DEATH

... **at death´s door** ... ... jednou nohou v hrobe ...

... **look like death warmed up** ... ... cítiť sa ako tri dni pred smrťou ...

DIG

... **dig in** ... ... jedz ...

Dig in. There´s plenty for everyone .

Jedz! Je dosť pre všetkých.

DO

... do ...	... napodobňovať...
	She does Madonna very well.
	Madonnu napodobňuje veľmi dobre.
... do the dishes ...	... umývať riad ...
	I have to do the dishes.
	Musím umyť riad.
... do your homework ...	... robiť si domácu úlohu ...
	She does her homework every day.
	Každý deň si robí domácu úlohu.

DOG

... dog days ...	... horúčavy ...
... a dog´s life ...	... psí život ...
	It´s a dog´s life.
	To je psí život.
... dog-tired ...	... unavený ako pes ...
	He´s dog-tired.
	Je unavený ako pes.
... work like a dog ...	... robiť ako kôň ...
	I´ve been working like a dog for five days.
	Robím ako kôň už päť dní.

DONE

... done in ...	... unavený ...
	I´m done it. Som unavený.

D

DOOR

... behind closed
  doors ...   ... za zatvorenými dverami ...
A lot of government
discussions went on behind
closed doors.
Veľa vládnych diskusií
pokračovalo za zatvorenými
dverami.

... show someone
  the door ...   ... ukázať niekomu dvere ...

DOWN

... down and out ...   ... bezdomovec ...
This woman was down and out
on the streets of New York.
Táto žena bola bezdomovcom
v uliciach New Yorku.

... Down Under ...   ... Austrália ...
... go downhill ...   ... ísť dolu kopcom ...
It´s gone down hill since
I came.
Odvtedy čo som prišla, to ide
dolu kopcom.

DREAM

... like a dream ...   ... ako po masle ...
The whole day went like
a dream.
Celý deň išiel ako
po masle.

DRINK

... soft drink ...	... nealkoholický nápoj ...
... drink like a fish ...	... piť ako dúha ...

He started to drink like a fish since last Christmas.
Začal piť ako dúha od minulých Vianoc.

... take to drink ...   ... začať piť ...
Don't take to drink.
Nezačni piť!

What are you drinking?   Čo si dáte? /v reštaurácii/

DRUG

... hard drug ...	... silná droga ...
... soft drug ...	... ľahká droga ...
... take drugs ...	... užívať drogy ...

My neighbour has been taking drugs for years.
Môj sused už roky berie drogy.

DRY

... dry ...   ... smädný ...
Peter has got a dry throat.
Peter je smädný.

D

E

EAGLE

... **the eagle eye** ...   ... prísne oko /dohľad/ ...
Nothing escaped the eagle eye of our English teacher.
Nič neuniklo prísnemu oku učiteľky angličtiny.

EAR

... **all ears** ...   ... počúvať /veľmi pozorne / ...
Tom´s all ears.   Tom pozorne počúva.

... **believe your ears** ...   ... veriť vlastným ušiam ...
I couldn´t believe my ears when he told me I was there.
Nemohla som veriť vlastným ušiam, keď mi povedal, že som tam bola.

... **easy on the ears** ...   ... lahodné uchu ...
This music is easy on the ears.
Táto hudba lahodí uchu.

... **give sb a thick ear** ...   ... dať zaucho ...
He gave me a thick ear yesterday.
Včera mi dal zaucho.

... **go in one ear and
out the other** ...   ... ísť jedným uchom dnu
                             a druhým von ...
                             *His advice went in one ear and
                             out the other.*
                             Jeho rada išla jedným uchom
                             dnu a druhým von.

... **have your ear to
the ground** ...   ... mať ucho na stene ...
                             *We must have our ears to the
                             ground.* Musíme mať uši na
                             stene.

... **listen with half
an ear** ...   ... počúvať na pol ucha ...
                             *I listened to him with only half
                             an ear.* Počúvala som ho na
                             pol ucha.

... **be out on your ear** ... ... byť vyhodený / z práce,
                             domu / ...
                             *She'd better start working, or
                             she'll be out on her ear.*
                             Radšej začne pracovať, ako
                             bude vyhodená.

EARTH

... **the Earth** ...   ... Zem /planéta/ ...

... **back down to
earth** ...   ... vrátiť sa do reality ...
                             *His words brought me back
                             down to earth.*

Jeho slová ma vrátili do
reality.

... **cost the earth** ...   ... mať cenu zlata ...
It must have cost the earth.
To musí mať cenu zlata.

... **on earth** ...   ... preboha ...
*What on earth are you
doing?*
Čo robíš, preboha?

EASY

... **easy** ...   ... ľahký ...
English is easy.
Angličtina je ľahká.

... **easy chair** ...   ... pohodlná stolička ...
... **easy as ABC** ...   ... veľmi ľahké ...
*It is as easy as ABC,
isn´t it?*
Ľahké, však?

... **easy come, easy go** ...... ako prišlo, tak odišlo /niečo
ľahko získané/ ...
I´m easy.   Je mi to jedno. /nechám to na
teba/
*Do you want dinner now or
later?*
I´m easy.
Chceš obed teraz alebo
neskôr?
Nechám to na teba.

Take it easy.	Nič si z toho nerob.
	My mother says he´s going to have to take it easy. Moja mama hovorí, že si musí oddýchnuť.

E

EFFECT

... **for effect** ...	... /robiť niečo / pre efekt ...
... **come into effect** ...	... nadobudnúť platnosť ...
	This law comes into effect on the first of next month. Zákon nadobúda platnosť 1. nasledujúceho mesiaca.
... **take effect** ...	... začať účinkovať ...
	This medicine started to take effect and the pain eased. Liek začal účinkovať a bolesť ustúpila.

EGG

... **bad egg** ...	... zlá správa /zlá referencia o niekom/ ...
	She´s a bad egg. O nej je zlá správa.
... **good egg** ...	... dobrá správa o niekom ...
... **egg-head** ...AmE	... holohlavý ...
... **egg-shell** ...	... škrupina ...
... **egg-timer** ...	... presýpacie hodiny ...

ELEPHANT

... **pink elephants** ...	... biele myšky / v stave opitosti / ...

Don't drink you'll be seeing
pink elephants later on.
Nepi, uvidíš biele myšky.

E

ELSE

What else?	Čo ešte?
Where else?	Kde ešte?
Who else?	Kto ešte?
Anything else?	Ešte niečo?

END

... at an end ...	... na konci /skončené/ ...

Their holiday was nearly at an
end.
Ich prázdniny sa chýlili
ku koncu.

... at the end of the day ...	... na konci dňa ...
... come to an end ...	... skončiť sa ...

My job came to an end last
week.
Moja práca skončila
minulý týždeň.

... come to a bad end ...	... skončiť sa zle ...
... dead end ...	... slepá ulička ...

He came to a dead end and
had to turn back.
Prišiel do slepej ulice a musel
sa vrátiť.

... draw to an end ...	... končiť sa ...

My working day is drawing to an end, it´s almost six o´clock.
Môj pracovný deň sa končí, za chvíľu je šesť hodín.

... end it all ...   ... zabiť sa /so všetkým skončiť/ ...
My friend wanted to end it all because his life was too hard for him.
Môj priateľ chcel so všetkým skončiť, pretože jeho život bol pre neho príliš ťažký.

... in the end ...   ... nakoniec ...
My mother was worried, but it finished all right in the end.
Moja mama sa trápila, ale nakoniec to dopadlo dobre.

... no end of ...   ... veľa /niečoho/ ...
There were no end of interesting books in the library. V knižnici bolo veľa zaujímavých kníh.

... not the end of the
world ...   ... nič nie je stratené ...
It´s not the end of the world in this case.
V tejto záležitosti nič nie je stratené.

... from beginning
to end ...   ... od začiatku do konca ...

E

ENGLISH
... the English ...   ... Angličania ...
... English-man ...   ... Angličan ...
... English-woman ...   ... Angličanka ...
... English breakfast ...   ... anglické raňajky/bohaté
                             raňajky/ ...

EVENING
... evening star ...   ... Venuša /planéta/ ...
... in the evening ...   ... večer ...

EVENT
... the happy event ...   ... šťastná udalosť
                             /svadba/ ...

EVER
Yours ever /
Everyours.   S pozdravom
                             /na konci listu/.

EVERY
... everybody /
everyone ...   ... každý ...
... every day ...   ... každý deň ...
... everything ...   ... všetko ...
... everywhere ...   ... všade ...

EXAMPLE
... for example ...   ... napríklad ...
... be an example to ...   ... byť príkladom ...

Her job is an example to us all.
Jej práca je príkladom pre nás všetkých.

EXCUSE

... **excuse me** ...   ... prepáč/te/ ...
Excuse me. Can you tell me the way to the railway station?
Prepáčte. Môžete mi ukázať cestu na železničnú stanicu?

EYE

... **an eye for an eye** ...   ... oko za oko /zub za zub/ ...
... **before your eyes** ...   ... pred vašimi očami ...
... **blue-eyed** ...   ... modrooký ...
... **in the public eye** ...   ... verejnosti na očiach ...
... **the naked eye** ...   ... voľným okom /vidieť niečo/ ...
... **believe your eyes**   ... neveriť vlastným očiam ... /v zápore/
I couldn't believe my eyes - he was there!
Neveril som vlastným očiam - on tam bol!

... **cry your eyes out** ...   ... vyplakať si oči ...
She came back to the kitchen crying her eyes out.
Vrátila sa do kuchyne idúc si vyplakať oči.

... **keep your eye on
sth/sb** ...

... starať sa o niečo/niekoho ...
*My mother offered to keep an
eye on my son while I went
out.*
Moja mama sa mi ponúkla, že
sa postará o môjho syna, zatiaľ
čo budem preč.

... **look someone
in the eye** ...

... pozrieť sa niekomu do očí ...
*Look me in the eye and tell me
the truth.*
Pozri sa mi do očí a povedz mi
pravdu.

F

FACE

... face to face with sb ...

... zoči - voči ...
He´s never met me face to face.
Nikdy ma zoči - voči nestretol.

... a face like the back of a bus ...

... škaredý ako noc ...
Poor girl - she had a face like the back of a bus.
Úbohé dievča - bola škaredá ako noc.

... disappear off the face of the earth ...

... zmiznúť z povrchu zemského ...
I haven´t seen Mary a long time, she seems to have disappeared off the face of the earth.
Už dlho som nevidel Máriu, zdá sa, že zmizla z povrchu zemského.

... shut your face ...

... buď ticho /drž hubu/ ...

... **look someone in the face** ...	... pozrieť sa niekomu do očí ... *I can't look her in the face.* Nemôžem sa jej pozrieť do očí.
... **clock face** ...	... číselník /na hodinách/ ...
... **a famous face** ...	... známa tvár ...
... **long face** ...	... smutný ... *What's the matter? He's been walking round with a long face all day.* Čo sa deje? Chodí smutný celý deň.
... **new face** ...	... nová tvár ... *There are a few new faces in our class.* V našej triede je niekoľko nových tvárí.

F

FAITHFULLY
Yours faithfully.	S pozdravom /na konci listu/.

FAMILY
... **family man** ...	... otec rodiny ...
... **family name** ...	... priezvisko ...
... **family tree** ...	... rodokmeň ...
... **extended family** ...	... celá rodina /*uncles, aunts...*/...
... **nuclear family** ...	... úplná rodina /*mother, father and their children*/ ...

F

... **one - parent
  family** ...   ... rodina len s jedným
                                   rodičom ...
... **in the family way** ...   ... tehotná žena ...
                                   *Are you in the family way,
                                   again?* Opäť si tehotná?

... **start a family** ...   ... založiť si rodinu ...
                                   They want to start a family.
                                   Chcú si založiť rodinu.

FAMOUS
... **world-famous** ...   ... svetoznámy ...
                                   *His bestsellers are world-
                                   famous.*
                                   Jeho bestsellery sú
                                   svetoznáme.

FAR
... **as far as** ...   ... podľa mňa ...
... **far away** ...   ... ďaleko ...
                                   My sister doesn't live far away.
                                   Moja sestra nežije ďaleko.

... **how far?** ...   ... ako ďaleko?
                                   How far is it to the post office?
                                   Ako ďaleko je na poštu?

FASHION
... **be all the fashion** ...   ... byť veľmi populárny ...
                                   It seems to be all the fashion.
                                   Zdá sa, že je to veľmi
                                   populárne.

... **be out of fashion** ...   ... výjsť z módy ...
It went out of fashion years ago.
Vyšlo to z módy pred rokmi.

... **be the fashion** ...   ... byť v móde ...
It was the fashion in the 80´s.
Dostalo sa to do módy
v 80-tych rokoch.

F

... **the latest fashion** ...   ... najnovšia móda ...

FAST
... **fast asleep** ...   ... tvrdo spať ...
Our son´s fast asleep!
Náš syn tvrdo spí.

... **fast-day** ...   ... pôst ...
... **fast friends** ...   ... priatelia na život a na smrť

FAT
... **fat** ...   ... tučný/hrubý ...
... a fat book ...
... hrubá kniha ...

... **fat cat** ...   ... bohatý človek ...
... **fat salary** ...   ... dobrý plat ...

FEEL
... **feel sure** ...   ... byť si istý ...
I felt sure I´d done the right thing
Som si istá, že som
urobila správnu vec.

... **not feel yourself** ... ... cítiť sa zle ...
I'm not feeling quite myself today. Dnes sa necítim dobre.

FEET

F

... **dead on your feet** ... ... veľmi unavený ...
He's dead on his feet.
Je veľmi unavený.

... **get cold feet** ... ... zľaknúť sa ...
This student gets cold feet at the last minute. Študent sa zľakol v poslednej minúte.

... **keep your feet
on the ground** ... ... držať sa pri zemi /byť realista/ ...
She's found a man who helps to keep her feet on the ground.
Našla muža, ktorý jej pomáha držať sa pri zemi.

... **have two left feet** ... ... mať obe nohy ľavé ...
... **stand on your own
two feet** ... ... stáť na vlastných nohách ...
These two women can stand on their own two feet. They're independent. Tieto dve ženy stoja na vlastných nohách. Sú nezávislé.

FEVER

... **run a fever** ... ... mať horúčku /pri chorobe/ ...

FINE

... **fine weather** ...	... pekné počasie ...
... **fine woman** ...	... príjemná žena ...
I´m fine.	Som v poriadku.
That´s fine by me.	Súhlasím.

F

FINGER

... **have green fingers** ... ... byť úspešný záhradkár ...
My grandfather has green fingers.
Môj starý otec je úspešným záhradkárom.

FINISH

... **from start to finish** ... ... od začiatku do konca ...
This book was boring from start to finish.
Táto kniha bola nudná od začiatku do konca.

FIRE

... **be on fire** ... ... horieť ...
Your house is on fire!
Horí tvoj dom!

... **catch fire** ... ... chytiť sa od ohňa ...
The curtain caught fire.
Záclona sa chytila.

... **set sth on fire** ... ... niečo podpáliť ...
He set fire to the house.
Podpálil dom.

FISH

... **big fish** ...   ... veľká ryba /o osobe/ ...
You were a big fish.
Bol si veľká ryba.

F

... **drink like a fish** ...   ... piť ako dúha ...
... **like a fish out**
of water ...   ... ako ryba na suchu ...
We were like fish out of water
in this place.
Boli sme ako ryby na suchu.

FOUR

... **four eyes** ...   ... okuliarnik /kto nosí
okuliare/ ...

FRIEND

... **a friend in need is**
a friend indeed ...   ... v núdzi poznáš priateľa ...
... **fair-weather**
friend ...   ... priateľ do každého
počasia ...

... **have friends in**
high places ...   ... mať priateľov na vysokých
miestach...
She had friends in high places
everywhere.
Všade mala priateľov na
vysokých miestach.

G

GAME

... games ...	... hry /športové/ ...
... the Olympic Games ...	... Olympijské hry ...
... a game of chance ...	... riskantný hráč ...
... play the game ...	... slušne sa správať ...
... play a waiting game ...	... vyčkávať ...
What´s your game?	Čo je na príčine?

GARDEN

... everything in the garden is rosy ...	... všetko je v poriadku ...

GET

... get a shock ...	... dostať šok ...

I´ll get a shock when I see the bill.
Dostanem šok, keď uvidím účet.

Get away!	Choď preč! Odíď!
... get back ...	... vrátiť sa ...

I´ll get back at 7 o´clock.
Vrátim sa o 7 .

... get it ...	... potrestať ...

You´ll get it when your brother comes home.

Dostaneš, keď príde tvoj brat
domov.

... get lunch/dinner ...   ... pripraviť obed/večeru ...
*I'm going to get the dinner
tonight.*
Dnes večer pripravím
večeru.

... get nowhere fast ...   ... neviesť nikam ...
*It seems to be getting nowhere
fast.*
Zdá sa, že to nikam
nevedie.

... get somewhere ...   ... viesť k niečomu
/progresívnemu/ ...
... get the train/bus...   ... cestovať vlakom/
autobusom ...
We often get the train.
Často cestujeme
vlakom.

... get warm/cold ...   ... otepliť sa/ochladiť sa ...
*Eat your lunch before it gets
cold.*
Zjedz svoj obed skôr než
vychladne.

... have got ...   ... mať niečo /vlastniť/ ...
*I have got an interesting
book.*
Mám zaujímavú knihu.

How can I get there?   Ako sa tam dostanem?

G

GIFT
... a gift from God ...   ... dar od Boha ...
My son was a gift from God.
Môj syn bol dar od Boha.

GIRL
... a girl ...   ... dcéra / dievča ...
... girlfriend ...   ... priateľka ...
... ex-girlfriend ...   ... bývalá priateľka ...
... a little girl ...   ... dievčatko ...

GIVE
... give sb sth ...   ... dať niekomu niečo ...
*When will you be able to give
me your answer?*
Kedy mi povieš svoju odpoveď?

... give sb a call ...   ... zavolať niekomu ...
*We'll give him a call
at 5 o'clock.*
Zavoláme mu o 5 .

... give sb your word ...   ... sľúbiť niečo ...
*Peter gave me his word not to
go there.*
Peter mi dal slovo, že tam
nepôjde.

... give a hand ...   ... pomôcť ...
Can you give me a hand?
Pomôžeš mi?

... don´t give me that ...	... nemáš pravdu /neklam/ ... *Don´t give me that, you´ve got a car, haven´t you?* Neklam, máš auto, však?
What gives?	Čo sa stalo?

GO

Go away!	Choď preč!
... go back ...	... vrátiť sa ... *I´ll go back tomorrow.* Vrátim sa zajtra.
... go crazy ...	... zblázniť sa ... *You´re going crazy.* Zbláznil si sa.
... go down with ...	... ochorieť ... *These children have gone down with flu.* Deti ochoreli na chrípku.
... go for it ...	... skúsiť niečo nové ... *Go for it. You must risk.* Skús to. Musíš riskovať.
... go in ...	... ísť do vnútra ... *I want to go in before it starts raining.* Chcem ísť dnu, než začne pršať.

... go off ...	... zaspať ...
	... zhoršiť sa ...
	... explodovať ...
	... zhasnúť ...
... go on with sth ...	... v niečom pokračovať ...
	Go on with your work till
	I return.
	Pokračuj vo svojej
	práci, kým sa nevrátim.
... go shopping ...	... nakupovať ...
	I must go shopping.
	Musím ísť nakúpiť.
... go to school ...	... ísť do školy ...
	We go to school every
	morning.
	Každé ráno chodíme
	do školy.
... on the go ...	... veľmi zaneprázdnený ...
	I'm on the go all day.
	Celý deň nemám čas.

GOD

My God!	Môj Bože.
Thank God.	Vďaka Bohu.

GOOD

... good at ...	... dobrý v ...
	Peter is good at English.
	Peter je dobrý
	v angličtine.

G

... a good while ...	... dlhá chvíľa ...
	We have been waiting for a good while.
	Čakáme už dlhú chvíľu.
... as good as gold ...	... zlaté dieťa ...
... be as good as your word ...	... dodržať svoj sľub ...
	Peter was as good as his word.
	Peter dodržal sľub.
... good afternoon ...	... dobré popoludnie ...
... good bye ...	... dovidenia ...
... good day ...	... dobrý deň ...
... good evening ...	... dobrý večer ...
... Good Friday ...	... Veľký Piatok /sviatok/ ...
... good-looking ...	... dobre vyzerajúci ...
	This man is good-looking for his age.
	Tento muž na svoj vek vyzerá dobre.
Good luck.	Veľa šťastia.
... good morning ...	... dobré ráno ...
... good night ...	... dobrú noc ...

G

GREEK
It´s all Greek to me.   To je pre mňa španielska dedina.

GUARDIAN
... guardian angel ...   ... anjel strážny ...

GUINEA
... guinea-pig ...   ... pokusný králik /o osobe/ ...

H

HABIT

... **be in the habit of** ...   ... mať zvyk ...
I was in the habit of smoking after breakfast. Po raňajkách som si vždy zapálila.

... **kick the habit** ...   ... odnaučiť sa /zbaviť sa zlozvyku/ ...
Don't offer him, he's trying to kick the habit.
Neponúkaj ho, chce prestať.

HAIR

... **make someone's hair stand on end** ...   ... stáť dupkom /o vlasoch/ ...
His behaviour makes my hair stand on end. Z jeho správania mi dupkom vstávajú vlasy.

... **haircut** ...   ... účes ...
Do you like her new haircut? Páči sa ti jej nový účes?

... **hairdresser** ...   ... kaderník ...
... **hairless** ...   ... bez vlasov ...

HALF

... **half and half** ...   ...pol na pol ...

... my other half ...	... moja druhá polovička ...
... half a dozen ...	... pol tucta / 6 / ...
... half a second ...	... chvíľku ...
	It will only take half a second.
	Bude to trvať len chvíľku.

... cut sth by half ...	... znížiť na polovicu ...
... cut sth in half ...	... na polovicu /rozdeliť/ ...
	Our mother cut the cake in
	half. Naša mama rozdelila
	koláč na polovicu.

H

... half past one ...	... 13.30 ...
	We came home at half past
	one.
	Prišli sme domov o 13.30 .

... a half ticket ...	... polovičný lístok ...
... half time ...	... polčas ...
... half brother ...	... nevlastný brat ...
... half sister ...	... nevlastná sestra ...

HAND

... a heavy hand ...	... tvrdá ruka ...
	A heavy hand will be
	necessary. Bude potrebná
	tvrdá ruka.

... first hand ...	... z prvej ruky ...
	All the information is first
	hand. Všetky informácie sú
	z prvej ruky.
... second hand ...	... z druhej ruky ...

H

... **by hand** ...	... vlastnou rukou ...

I like writing personal letters by hand.
Rád píšem osobné listy vlastnou rukou.

... **give a hand** ...	... pomôcť ...

Can you give me a hand with this table, please?
Pomôžeš mi s týmto stolom, prosím?

... **give someone a free hand** ... ... dať niekomu voľnú ruku ...

... **go hand in hand** ... ísť ruka v ruke ...

... **have someone eating out of your hand** ... ... zobkať z ruky ...
She'll be eating out of your hand.
Bude ti zobkať z ruky.

... **the left hand doesn't know what the right hand is doing** ... ... ľavá ruka nevie, čo robí pravá ...

... **near at hand** ... ... poruke /blízko/ ...
I hope Peter is near at hand.
Dúfam, že je Peter blízko.

... **on hand** ... ... po ruke /keď niekoho potrebujeme/ ...

... on one hand ...	... na jednej strane ...
on the other hand ...	na druhej strane ...
... have your hands	
full ...	... mať plné ruky práce ...
	My mother had her hands full
	with preparing dinner.
	Moja mama mala plné ruky
	práce s prípravou večere.

H

HAPPY

... as happy as	
a Larry ...	... šťastný ako malý chlapec ...
	He is happy as a Larry.
	Je šťastný ako malý chlapec.
... a happy ending ...	... šťastný koniec ...
	This film has a happy ending.
	Tento film je so šťastným koncom.
Happy Birthday.	Šťastné narodeniny.
Many happy returns	
of the day.	Veľa šťastných návratov
	/blahoželanie k narodeninám/.
Happy Christmas.	Veselé Vianoce.

HAT

... hard hat ...	... prilba ...
... top hat ...	... cylinder ...
... pass the hat ...	... vyzbierať do klobúka ...

HAVE

... have breakfast ...	... raňajkovať ...

H

... have lunch / dinner ...	... obedovať ...
... have supper ...	... večerať ...

I usually have breakfast at 7 o´clock. Zvyčajne raňajkujem o 7 .

... have a letter ...	... dostať list ...
... have a phone call ...	... mať telefonát ...
... have on ...	... mať oblečené ...

I had a blue skirt on. Mala som oblečenú modrú sukňu.

HEAD

... get something into your head ... ... vziať si niečo do hlavy ...
He´s got it into his head that I will not go there. Zobral si do hlavy, že tam nepôjdem.

... have your head in the clouds ... ... snívať ...
They had their heads in the clouds about their holiday. Snívali o svojej dovolenke.

... keep a cool head ... ... zachovať chladnú hlavu ...
I kept a cool head in that situation. Zachovala som si chladnú hlavu.

... **lose your head** ...   ... stratiť hlavu ...
                                I lost my head.
                                Stratil som hlavu.

... **not be right in the
    head** ...   ... nemať to v hlave v poriadku ...
... **a headache** ...   ... bolesť hlavy ...
                                I have a headache.
                                Bolí ma hlava.

H

... **from head to toe** ...   ... od hlavy až k pätám ...
... **headmaster** ...   ... riaditeľ školy ...
... **headmistress** ...   ... riaditeľka školy ...
... **head of state** ...   ... hlava štátu ...

HEART

... **by heart** ...   ... naspamäť ...
                                *I have to learn this poem by
                                heart.*
                                Musím sa túto báseň naučiť
                                naspamäť.

... **have a heart
    of gold** ...   ... mať zlaté srdce ...
                                My mother has a heart of gold.
                                Moja mama má zlaté srdce.

... **have a heart
    of stone** ...   ... mať srdce z kameňa ...
... **have a heavy
    heart** ...   ... mať ťažké srdce ...
                                *He gave me money with
                                a heavy heart.*

Dal mi peniaze s ťažkým
srdcom.

... **lose your heart** ... ... zaľúbiť sa ...
He has never lost his heart.
Nikdy sa nezaľúbil.

H

... **in the heart
of Europe** ... ... v srdci Európy ...
... **lonely hearts** ... ... zoznámenie /rubrika
v novinách/ ...
*I always open the newspaper
at the lonely hearts.*
Vždy otváram noviny na
rubrike zoznámenie.

... **the heart of the
problem** ... ... dôležitý problém ...
... **young at heart** ... ... starý /vekom, ale nie
duchom/ ...
*Holidays for the young and
young at heart.*
Dovolenka pre mladých
i starých.

HEAVEN
... **heaven on earth** ... ... raj na zemi ...
... **in seventh heaven** ...... v siedmom nebi ...
... **thank heavens** ... ... ďakovať nebesám ...

HELL
... **go to hell** ... ... ísť do čerta ...
Go to hell. Choď do čerta.

*If Mary doesn't like it, she can
go to hell!*
Ak sa to Mary nepáči, nech ide
do čerta.

... **hell on earth** ...   ... peklo na zemi ...

HELP

... **a helping hand** ...   ... pomôcť ...
*I've been giving him a helping
hand with his work.*
Pomáham mu v práci.

God help you.   Boh ti pomôže.
Help yourself.   Pomôž si!

HOLE

... **hole** ...   ... diera /nepríjemné miesto/ ...
I have to get out of this hole.
Musím sa dostať z tejto diery.

... **dig yourself into
   a hole** ...   ... kopať si hrob ...

HOME

... **feel at home** ...   ... cítiť sa ako doma ...
I felt at home at my sister's.
U svojej sestry som sa cítila
ako doma.

... **get home** ...   ... dostať sa domov ...
How can I get home?
Ako sa dostanem domov?

... home address ...	... trvalé bydlisko ...
... home bird ...	... domácky založený človek ...
... homeland ...	... rodisko ...
... home life ...	... rodinný život ...
... hometown ...	... rodné mesto ...
... homeless ...	... bezdomovec ...
... homesick ...	... dlho od domova ...

I'm homesick.
Je mi smutno.

| ... homework ... | ... domáca úloha ... |

I do my homework every day.
Každý deň si robím domácu
úlohu.

HOPE

... hope against hope ...... stále dúfať ...
*Bob waited all day, hoping
against hope that I would
come.*
Bob čakal celý deň, dúfajúc,
že prídem.

| ... in the hope of ... | ... v nádeji ... |
| ... my one hope is ... | ... moja jediná nádej ... |

HOT

... get into hot water ...... dostať sa do ťažkej
situácie ...

| ... hot - tempered ... | ... zle - naladený ... |
| ... hot tip... | ... horúci tip ... |

Can you give me a hot tip?
Dáš mi správny tip?

HOUR

... **out of hours** ...	... mimo určených hodín ...
... **till all hours** ...	... do neskorých hodín ...
	I worked till all hours yesterday.
	Včera som pracovala až do večera.
... **hour hand** ...	... hodinová ručička ...
... **lunch hour** ...	... obedňajšia prestávka ...
... **opening hours** ...	... otváracie hodiny ...
... **visiting hours** ...	... návštevné hodiny ...

H

HOW

How about you?	A čo ty?
How are things?	Ako sa máš?
How are you?	Ako sa máš?
	How is Peter?
	Ako sa má Peter?
How do you do?	Zdvorilostná fráza /keď niekoho stretneme po prvý krát/.
How do you do.	Odpoveď na túto frázu.
How much?	Koľko?

I

ICE

... keep something
on ice ...
... zastaviť niečo ...
*The whole plan was kept on
ice because of their
incompetence.*
Celý plán bol pozastavený pre
ich neschopnosť.

... ice cream ...
... zmrzlina ...
Can I have an ice cream?
Môžem si dať zmrzlinu?

... the icing on
the cake ...
... perfektný zážitok ...
*It was the icing on the cake
with him.*
S ním to bolo perfektné.

IDEA

... get the idea ...
... uveriť v niečo ...
*I´m sure you´ll get the idea
of it.*
Som si istý, že v to
uveríš.

... good idea ...
... dobrý nápad ...
We have a good idea.
Máme dobrý nápad.

... **have an idea** ...   ... dostať nápad ...
                                 Mary has had a great idea -
                                 she'll go on a trip.
                                 Mary dostala úžasný nápad -
                                 pôjde na výlet.

... **have no idea** ...   ... nevedieť ...
                                 When did this accident
                                 happen? We've no idea.
                                 Kedy sa stala nehoda?
                                 Nevieme.

... **put ideas into sb's**
    head ...   ... vziať si niečo do hlavy ...
                                 He wants to be a pilot. Who
                                 has been putting ideas into his
                                 head?
                                 Chce sa stať pilotom. Kto to
                                 myslí vážne?

ILL

... **ill at ease** ...   ... nervózny /nie vo svojej
                                 koži/ ...
                                 I am often ill at ease in their
                                 house.
                                 V ich dome som často
                                 nervózna.

... **feel ill** ...   ... cítiť sa zle ...
                                 I'm feeling ill today. I can't go
                                 with you.
                                 Dnes sa cítim zle. Nemôžem
                                 ísť s vami.

... **seriously ill** ...	... vážne chorý ...
... **speak ill of** ...	... ohovárať ...
	I never speak ill of my friends.
	Nikdy svojich priateľov neohováram.

... **be taken ill** ...	... ochorieť ...
	He was taken in London.
	Ochorel v Londýne.

... **illness** ...	... choroba ...

IMAGE

... **be the very image of** ...	... podobať sa na niekoho/niečo ...
	She's the very image of her sister.
	Veľmi sa podobá na svoju sestru.

IMPRESSION

... **be under the impression that** ...	... myslieť si, že ...
	I'm sorry, I was under the impression that you were there.
	Prepáč, myslel som, že si tam bol.

... **first impression** ...	... prvý dojem ...

IMPROVEMENT

... be an improvement
on ...   ... byť dokonalejší ako predtým...
                                This type of computer is an
                                improvement on the old one.
                                Tento typ počítača je
                                dokonalejší ako ten starý.

IN

... in on something ...   ... byť zúčastnený na
                                niečom ...
                                Everyone wants to be in on
                                this great project.
                                Každý chce byť v tomto
                                veľkom projekte.

INFLUENCE

... under the
influence ...   ... závislý na niečom
                                /napr. drogách / ...
                                Tom spent years under the
                                influence of drugs.
                                Tom bol roky závislý na drogách.

INTEREST

... as a matter
of interest ...   ... zvedavý ...

... be of no
interest /to/ ...   ... nezaujímavé pre niekoho ...
                                His problems are of no interest
                                to me.
                                Jeho problémy ma nezaujímajú.

... **have no interest
  in doing sth** ...   ... nemať chuť v niečom
                  pokračovať ...
                  *He has no interest in helping
                  me.*
                  Nemá záujem mi pomôcť.

... **have sb´s interests
  at heart** ...   ... pomôcť niekomu ...
                  *We really can´t have your best
                  interests at heart.*
                  Naozaj vám nemôžeme
                  pomôcť.

I

... **of interest** ...   ... zaujímavý ...
                  *Our agency will give you a list
                  of places of interest.*
                  Naša agentúra vám poskytne
                  zoznam zaujímavých miest.

... **take an
  interest /in/** ...   ... zaujímať sa o niečo ...
**Could I interest you
in a coffee?**   Môžem ťa ponúknuť kávou?

IRON

... **the Iron Curtain** ... ... Železná opona
                  /medzi krajinami/ ...

... **strike while the
  iron is hot** ...   ... kuť železo, dokiaľ
                  je horúce ...

... **with an iron
  hand** ...   ... železnou rukou ...

J

J

JACK
... jack of all trades ...   ... všetko vedieť ...
He´s a Jack of all trades.
Vo všetkom sa vyzná.

JACKPOT
... hit the jackpot ...   ... vyhrať veľkú sumu
peňazí ...
Tom hit the jackpot last week.
Tom vyhral minulý týždeň
veľa peňazí.

JAM
... be in a jam ...   ... mať problémy ...
I´m sure you´re in a jam.
Som si istý, že máš
problémy.

JET
... jet set ...   ... bohatí ľudia ...

JEWEL
... jewel in the
crown ...   ... skvost ...

JOB
... be out of a job ...   ... byť bez práce ...
My husband is out of his job.
Môj manžel je bez práce.

... **do a good job** ...	... odviesť dobrú prácu ...
	I think you´ve done a very good job.
	Myslím, že ste odviedli dobrú prácu.
... **get a job** ...	... získať prácu ...
	I got a job as a teacher.
	Dostala som prácu ako učiteľka.
... **good job** ...	... veľké šťastie ...
... **a good job well done** ...	... dobre vykonaná práca ...
... **have a job** ...	... ťažko pracovať ...
... **know your job** ...	... vyznať sa vo svojej práci ...
... **lose a job** ...	... stratiť prácu ...
... **make a bad job of sth** ...	... urobiť zle/ pobabrať ...
... **make a good job of sth** ...	... robiť dobre ...
... **offer a job** ...	... ponúknuť prácu ...
... **full-time job** ...	... práca na plný úväzok ...
... **part-time job** ...	... práca na čiastočný úväzok ...
... **jobs for the boys** ...	... protekčné miesta ...
... **the job in hand** ...	... terajšia práca ...
... **odd jobs** ...	... drobné práce v domácnosti ...
... **white collar job** ...	... úradnícka práca ...
... **blue collar job** ...	... robotnícka práca ...

J

JOINT

... **out of joint** ...	... vykĺbiť ...
	I´ve put my knee out of joint.
	Vykĺbil som si koleno.

JOKE

... **no joke** ...

... niečo seriózne/nie je to vtipné ...

It´s no joke washing the dishes after having lunch.

Je nepríjemné umývať riad po obede.

... **practical joke** ...

... kanadský žartík ...

Can´t you take a joke?

Nerozumieš žartu?

J

JOURNEY

... **break your journey** ...

... prerušiť cestu /zastaviť/ ...

We have to break our journey. We´re thirsty.

Musíme prerušiť našu cestu. Sme smädní.

JUICE

... **stew in your own juice** ...

... variť sa vo vlastnej šťave ...

We left him stew in his own juice.

Nechali sme ho tak.

JUMP

... **jump to it** ...

... ponáhľať sa ...

Take a running jump!

Vypadni/te!

JUST

... **just after** ...	... krátko po ...
... **just a second** ...	... moment ...
... **just before** ...	... krátko pred ...
	I saw him just before he died.
	Videla som ho krátko pred
	smrťou.
... **just now** ...	... práve teraz ...
... **just the thing** ...	... správna vec ...

JUSTICE

J

... **do justice to sb** ...	... byť spravodlivý k niekomu ...

K

KEEL

... **on an even keel** ...

... pokojný/pokojne ...
We must solve these difficult matters on an even keel.
Tieto zložité záležitosti musíme riešiť pokojnou cestou.

KEEN

... **keen on** ...

... veľmi sa o niečo zaujímať ...
She´s keen on English.
Zaujíma ju angličtina.

KEEP

... **keep abreast of sth** ...

... držať krok s niečím ...
I can´t keep abreast of the latest fashion.
Nemôžem udržať krok s poslednou módou.

... **keep something to yourself** ...

... nechať si niečo pre seba /nepovedať iným/ ...
If you pass the exams, you should keep it to yourself.
Ak zložíš skúšky, mal by si si to nechať pre seba.

... keep to yourself ...	... žiť sám pre seba ...

He was a strange boy. He kept to himself.
Bol čudný chlapec.
Žil si sám pre seba.

Keep away!	Choď preč!
Keep going!	Pokračuj!
Keep it.	Nechaj si to.
Keep it down.	Buď tichšie.
Keep quiet!	Buď ticho!
Keep the change.	Nechajte si drobné /peniaze/.
Keep your hat on!	Upokoj sa!

K

KEEPS

... for keeps ...	... navždy ...

Nothing is for keeps.
Nič netrvá večne.

KETTLE

... kettle of fish ...	... komplikovaná situácia ...

He must do something. This is a kettle of fish.
Musí niečo urobiť. Je to zložitá situácia.

KICK

... a kick up the backside ...	... kopnúť do zadku /rozhýbať niekoho / ...
... better than a kick up the backside ...	... lepšie ako nič ...

My salary is poor but it´s better than a kick up the backside.
Môj plat je úbohý, ale vždy lepšie ako nič.

... for kicks ...   ... pre zábavu ...

... kick someone
  upstairs ...   ... dostať niekoho hore /lepšie
                  postavenie/ ...
                  *My friend was kicked upstairs
                  to manage this project.*
                  Priateľ sa dostal hore, aby
                  riadil tento projekt.

K

... kick - start
  something ...   ... naštartovať niečo ...
                  Kick - start our car.
                  Naštartuj naše auto.

KILL

... make a killing ...   ... získať veľa peňazí /za
                  krátky čas/ ...
                  *We made a killing by selling
                  our house.*
                  Získali sme veľa peňazí z predaja domu.

KIND

... kind of ...   ... dosť ...
                  She feels kind of tired today.
                  Dnes sa cíti dosť unavená.

... in kind ...   ... platiť v "naturáliach"
                  /tovarom alebo službami/ ...

KINGDOM
... **to kingdom come** ... ... ísť na druhý svet /násilnou smrťou/ ...

KISS
... **kiss goodbye to something** ...

... dať niečomu zbohom ...
He can kiss goodbye to his studies.
Môže dať zbohom svojmu štúdiu.

... **kiss of death** ... ... "pomôcť niekomu" ...
... **kiss of life** ... ... dýchanie z úst do úst ...
He would have died without the kiss of life.
Zomrel by bez prvej pomoci.

K

KITTEN
... **have kittens** ... ..."dostať mladé" ...
What have you done all day?
I was nearly having kittens.
Čo si robila celý deň?
Takmer som sa zbláznila.

KNEE
... **bring someone to his knees** ...

... položiť niekoho na lopatky ...
The loss of money brought him to his knees.
Strata peňazí ho položila na lopatky.

... **on bended knees** ...   ... na kolenách ...
I beg you, on bended knees, to
call me.
Prosím ťa na kolenách,
zavolaj mi.

... **on your knees** ...   ... byť na kolenách /kľačať/ ...
He had tried everything and
was now down on his
knees.
Skúsil všetko a teraz bol na
kolenách.

K

KNIFE

... **go under the**
   knife ...   ... ísť pod nôž /na operáciu/ ...
My father will go under the
knife next Monday.
Môj otec pôjde na operáciu
budúci pondelok.

... **have your knife**
   into someone ...   ... vylievať si na niekom
zlosť ...

KNOBS

... **with brass knobs**
   on ...   ... kto to povie, ten to je
/hovoria to malé deti/ ...

KNOCK

... **knock someone**
   for six ...   ... vyraziť dych ...

*It knocked me for six when he
told me he wasn´t at work.*
Vyrazilo mi dych, keď mi
povedal, že nebol v práci.

KNOW

... **in the know** ...	... vedieť ...
... **know-how** ...	... praktické skúsenosti ...
... **know what´s
what** ...	... vyznať sa vo veci ...

He knows what´s what.
Vyzná sa vo veci.

K

I don´t know.   Neviem.

L

LABOUR
... **labour of love** ...

... kus práce / s maximálnym nasadením/...

He spent all his life studying chemistry, it was a labour of love. Strávil celý život výskumom chémie, urobil kus práce /bol to zmysel jeho života/.

LADY
... **lady-killer** ...

... dobyvateľ ženských sŕdc ...

He has always been a big lady-killer. Vždy bol dobyvateľ ženských sŕdc.

LAMB
... **/go there/ like a lamb to the slaughter** ...

... ísť tam ako na bitúnok ... /bez protestu, alebo možnosti zabrániť/

He went into the boss´ office like a lamb to the slaughter. Išiel do šéfovej kancelárie bez reptania.

LAND
... **to be in the land of the living** ...

... byť nažive ...

There was a small hope he was in the land of the living.
Bola malá nádej, že je ešte nažive.

... go to the land of nod ...

... ísť spať /zaspávať/ ...
He went to the land of nod because he was tired. Zaspal, pretože bol veľmi unavený.

LANE
... the fast lane ...

... v strese, narýchlo ...
Life in the fast lane made him very nervous. Život v strese z neho urobil nervózneho človeka.

LAP
... drop into someone´s lap ...

... dostať sa ako slepé kura k zrnu /spadnúť ako z neba/ ...
That job all of a sudden dropped into her lap.
Tá práca jej z ničoho nič spadla ako z neba.

LARGE
... at large ...

... na úteku ...
The criminal was still at large.
Zlodej bol stále na slobode.

... be larger than life ...

... byť stredobodom pozornosti /atraktívny, úspešný/ ...

L

*Thanks to her charm she has
always been larger than life.*
Vďaka jej šarmu bola vždy
stredobodom pozornosti.

... **as large as life** ... ... /používa sa, keď sa niekto
zjaví po dlhom čase/ ...
*She came into my room as
large as life.*
Vstúpila do mojej izby /dlho
sme sa nevideli/.

L

LAUGH

... **for a laugh** ... ... ako žart, pre zábavu ...
*John performed the funny
tricks for a laugh.*
Ján robil smiešne kúsky pre
zábavu.

LAY

... **lay someone low** ... ... /choroba/ pripútať na lôžko ...
*An illness laid him down for
a week.*
Choroba ho pripútala na lôžko
na týždeň.

LEAD

... **take the lead** ... ... byť popredu /v učení,
práci/ ...
*They took the lead with an
excellent goal.*
Strhli vedenie na svoju stranu
nádherným gólom.

LEAP

... **a leap in the dark** ... ... krok do neznáma ...
They decided to do a leap in the dark. Rozhodli sa urobiť krok do neznáma.

... **leap year** ...   ... prestupný rok ...

LEAST

... **at least** ...   ... prinajmenej ...
It will take you at least one hour.
Bude vám to trvať prinajmenej hodinu.

       ... aspoň ...
At least you should give up smoking. Aspoň by si mohol prestať fajčiť.

LEAVE

... **leave somebody alone** ...   ... opustiť niekoho/nechať niekoho samého ...
He left her alone. Opustil ju.

LEG

Break a leg!   Zlom väz!

... **pull someone´s leg** ...   ... zavádzať, klamať niekoho /aj zo žartu/ ...
Steve was pulling her leg.
Steve jej klamal /alebo robil si srandu/.

L

LENGTH

... at length ...   ... veľmi podrobne / alebo dlho/ ...
He described his adventures at
length.
Opisoval svoje zážitky veľmi
podrobne /alebo veľmi
dlho-časovo/.

LESS

... no less than ...   ... nie menej ako ...
He can speak no less than
5 languages.
Hovorí nie menej ako piatimi
jazykmi.

L

LET

... let something
/someone/ be ...   ... nechať to tak /ho byť/ ...
Let it be for a while.
Nechaj to tak pokiaľ to
existuje /funguje/.

... let someone
know ...   ... oboznámiť niekoho
                                     s niečím ...
When you come home, let me
know.
Keď prídeš domov, daj mi vedieť.

... let something go
for a song ...   ... „ ísť" pod cenu ...
He let the goods go for a song.
Predával tovar pod cenu.

LIFE

... life goes on ...	... život ide ďalej ... *Don't be so sad, life goes on!* Nebuď taký smutný, život ide ďalej!
... the life of riley ...	... zaháľať, nepracovať ... *He doesn't work, he only enjoys himself.* *He is living the life of riley.* Nepracuje, iba sa zabáva.
... lose one´s life ...	... stratiť život /byť zavraždený vo vojne/ ... *He lost his life in W. W. II.* Stratil život v 2. sv. vojne.
... low life ...	... život v spodine /kriminálník, berúci drogy a pod./... *Low life has always ruled in that poor quarter.* V štvrti vždy vládol život na pokraji spoločnosti.

L

LIGHT

... come something to light ...	... výjsť najavo ... *The scandal came to light after one witness had decided to say the truth.* Škandál vyšiel najavo po tom, čo jeden svedok sa rozhodol povedať pravdu.

... first light ...   ... brieždenie, východ slnka ...
                                   She caught a glimpse of the
                                   first light of dawn.
                                   Zbadala prvé lúče slnka na
                                   obzore.

... in a bad light ...   ... v zlom svetle ...
                                   John was described in a bad
                                   light.
                                   Hovorili o Jánovi v zlom
                                   /svetle/.

... as light as
   a feather ...   ... ľahký /problém/ ...
                                   He thinks it's as light as
                                   a feather.
                                   Myslí si, že je to ľahké.

LIKE
... nothing like ...   ... úplne iný ...
                                   She is sure to be nothing like
                                   her mother.
                                   Určite je úplne iná ako jej
                                   matka.

LIKELY
Not likely!   V žiadnom prípade.

LINE
... the bottom line ...   ... finálny výsledok
                                   /dôsledok/ ...
                                   What's the bottom line?
                                   Aký je teda výsledok?

... chat-up line ...	... nadviazať rozhovor /s atraktívnou ženou/ ... *"Do you come here often?"* *he said, trying to chat her up.* „ Chodievate sem často?" nadviazal s ňou rozhovor.
... hold the line ...	... udržovať telefonické spojenie /držať linku/ ... *Hold the line, please!* Držte linku, prosím!
... in the firing line ...	... v pozícii ľahko ohrozenej /kritikou/ ... *The football club was in the firing line after many failures.* Futbalový klub bol vo vratkej pozícii po mnohých neúspechoch.
... on the line ...	... v pozícii s možnosťou straty ... *His job is on the line.* Môže ľahko stratiť prácu.

L

LINES

... get their lines crossed ...	... nerozumejú si ... *They got their lines crossed, Paul heard 50 pounds instead of 15.* Nerozumeli si, Pavol počul 50 libier miesto 15.

LION

... the lion´s share ...

... leví podiel ...
They had the lion´s share of the settlement with the corporation.
Mali leví podiel na dohode s podnikom.

LIP

Bite your lip!

Zahryzni si do jazyka! /buď ticho/

LIST

... the hit list ...

... ľudia /veci/, ktorých /-é/ sa chystáme odstrániť ...
Mike was on the hit list of his employees.
Zamestnávateľ sa chystal Michala vyhodiť zo zamestnania.

LOAD

... get a load of ...

... dávať pozor ...
Get a load of this, it´s really important! Dávaj teraz pozor, je to skutočne dôležité!

LOCK

... under lock and key ...

... zamknutý ...
The money is under lock and key.
Peniaze sú zamknuté.

L

LOG

... **sleep like a log** ...　　... spať ako poleno
　　　　　　　　　　　　/zarezaný/ ...
　　　　　　　　　　　He often sleeps like a log.
　　　　　　　　　　　Často spí ako zarezaný.

LONG

At long last!　　　　Konečne!
... **before long** ...　　... priskoro /predčasne/ ...
　　　　　　　　　　　It should be finished before
　　　　　　　　　　　long.
　　　　　　　　　　　Malo by to byť hotové
　　　　　　　　　　　skôr.

So long!　　　　　　Ahoj! /Goodbye!/

LOOK

... **a black look** ...　　... nepriateľský, mlčiaci
　　　　　　　　　　　pohľad ...
　　　　　　　　　　　He gave her a black look.
　　　　　　　　　　　Pozrel na ňu nepriateľským
　　　　　　　　　　　pohľadom.

Look before you leap! Dvakrát meraj a raz rež!
... **don´t look back** ...　　... ten, kto urobil úspešnú
　　　　　　　　　　　kariéru ...
　　　　　　　　　　　His company is successful,
　　　　　　　　　　　he has never looked back
　　　　　　　　　　　since.
　　　　　　　　　　　Jeho spoločnosť dosiahla
　　　　　　　　　　　veľký úspech.

You are not looking
yourself.　　　　　　Nevyzeráš dobre /si chorý/.

LOOSE

... on the loose ...
... na úteku / z väzenia/ ...
The criminal escaped from prison, he´s on the loose.
Zločinec ušiel z väzenia, je na úteku.

LORD

Lord!
Good Lord!
Panebože!

Lord knows.
Bohvie.

L

LOSE

... have nothing to lose ...
... nemať čo stratiť...
You have got nothing to lose.
Nemáš čo stratiť.

LOSS

... at a loss ...
... byť v šoku ...
He was at a loss of words.
Nevedel, čo povedať.

LOUD

... loud and clear ...
... ľahko zrozumiteľné ...
It appears to be loud and clear.
Zdá sa to byť ľahko zrozumiteľné.

LOVE

love child ...
... dieťa, ktorého rodičia sú nezosobášení /nemanželské dieťa/ ...

He claimed he had been a love child.
Tvrdil, že bol nemanželské dieťa.

Love is blind.   Láska je slepá.

... make love ...   ... mať pohl. styk ...
They didn't make love because they were both very young.
Nespali spolu, lebo boli obaja veľmi mladí.

LUCK

... bad luck /hard luck, tough luck/ ...   ... nešťastie/mať smolu ...
It was bad luck that she lost her job.
Mala smolu, že stratila prácu.

Good luck!   Veľa šťastia!

... no such luck ...   ... nanešťastie /bohužiaľ/ nie...
Have you got tickets to the match?
No such luck.
Zohnal si tie lístky na zápas?
Bohužiaľ nie.

Try your luck!   Skús šťastie!

L

... worse luck ...   ... nanešťastie / bohužiaľ ...
*Worse luck, I have to do this
work today.*
Nanešťastie, musím tú prácu
urobiť dnes.

L

M

MAD

... go mad ...   ... zblázniť sa / aj prenesene
                                     nahnevať sa/ ...
                                     *I'll go mad if they do not stop
                                     it.*
                                     Zbláznim sa, ak s tým
                                     neprestanú.

**... drive somebody
  mad ...**   ... priviesť niekoho do
                                     šialenstva, nahnevať ho ...
                                     *Don't disturb me, you are
                                     driving me mad!*
                                     Nevyrušuj ma, lebo sa z teba
                                     zbláznim!

... as mad as a hatter ...   ... blázon, čudák ...
                                     *They say he is as mad as
                                     a hatter.*
                                     Hovorí sa, že je blázon.

**... be mad about/
on somebody ...**   ... niekoho veľmi
                                     milovať, šialene sa
                                     zaľúbiť ...
                                     *Paul was totally mad about
                                     her.*
                                     Pavol bol do nej šialene
                                     zaľúbený.

MADE

I´m not made of money! — Nemôžem si to dovoliť.

... made for someone ... — ... stvorený pre niekoho ...
They are made for each other.
Sú stvorení jeden pre druhého.

MAID

... old maid ... — ... stará dievka ...
She is probably destined to be an old maid all her life.
Pravdepodobne je predurčená zostať starou dievkou celý život.

M

MAIN

... in the main ... — ... hlavne, prevažne, vo všeobecnosti ...
His employeers were well-educated in the main.
Jeho zamestnanci boli väčšinou dobre vzdelaní /špecializovaní/.

MAKE

... make it ... — ... stať sa úspešným, ale aj prežiť /nehodu/ ...
He has made it as a rich man of the bussiness world.
Stal sa bohatým mužom v obchodnom svete.

... **make it up** ... ... ospravedlňovať sa za niečo ...
I can´t do it in due time, but I will make it up to you.
Nestihnem to urobiť načas, prepáč mi, ale odrobím si to niekedy inokedy.

MAKING

in the making ... ... opisuje osobu, ktorá je na ceste k vrcholu, úspechu ...
He is a clever scientist in the making.
Je to budúci veľmi šikovný vedec.

M

MAN

... **be his own man** ... ... je nezávislý /slobodomyseľný/ človek ...
John was said to be his own man.
O Jánovi sa hovorilo ako o nezávislom človeku.

... **every man jack** ... ... každý bez výnimky ...
Every man jack will receive the same amount of money.
Každý bez výnimky dostane toľko isto peňazí.

... **go to see a man about a dog** ... ... fráza, keď nechceme niekomu odpovedať ...

" *Where are you going?* "
„ *I am going to see a man*
about a dog. "
„ Kam ideš?"
/ neochota odpovedať/

... **man enough** ...   ... odvážny ...
He wasn't man enough to
stand in the face of danger.
Nemal odvahu čeliť
nebezpečenstvu.

... **a man for all**
    seasons ...   ... prispôsobivý úspešný
                             človek ...
                             I have been a man for all
                             seasons, it's been the ground
                             for my success.
                             Vždy som bol veľmi
                             prispôsobivý, to bol základ
                             môjho úspechu.

... **a man of his word** ...   ... čestný človek /ktorý dodrží
                             sľub/ ...
                             You can believe him, he is
                             considered to be a man of his
                             word.
                             Môžeš mu dôverovať,
                             považujú ho za čestného
                             človeka.

... **a man of straw**...   ... slabý človek, slaboch /tiež „
                             mŕtva duša" pri podvodoch/ ...

M

He is accused of being a man of straw.
Obvinili ho, že je slaboch.

... a man of the world ...

... /sveta/skúsený človek ...
Maybe they say he is a man of the world, but I see him very careless.
Možno sa o ňom hovorí ako o skúsenom človeku, avšak mne sa zdá veľmi neopatrný.

... man-to-man ...

... medzi štyrmi očami ...
It should be settled, man-to-man.
Mohli by sme si to vyjasniť medzi štyrmi očami.

... be in no man´s land ...

... byť v nepriehľadnej situácii ...

Suddenly he found himself in no man´s land.
Zrazu sa ocitol v nepriehľadnej situácii.

... to a man ...

... všetci do jedného ...
All the members agreed to a man with the chairman´s proposal.
Všetci členovia do jedného súhlasili s návrhom predsedu.

M

MANNERS

Mind your manners!... upozornenie /hlavne dieťaťu/
ku väčšej zdvorilosti ...

MARK

... hit the mark ... ... trafiť do čierneho ...
He hit the mark with his
speech.
Svojím prejavom trafil do
čierneho /klinec po
hlavičke/.

... make one´s mark ... ... stať sa úspešným ...
He made his mark after
discovering the combustion
engine.
Stal sa známym po vynájdení
spaľovacieho motora.

... not quite up to the
mark ... ... nie celkom vo svojej koži
/chorý ..../ ...
People say he is not quite up to
the mark now.
Ľudia vravia, že teraz nie je
celkom vo svojej koži.

... mark down ... ... pokles ceny ...
A mark down of five
dollars.
Zníženie ceny o 5 dolárov.

MARKET

... on the market ... ... na predaj ...

M

*This painting isn´t on the
market because it´s for
Mr. Parker.*
Tento obraz nie je na predaj,
pretože je rezervovaný pre
pána Parkera.

MARROW
... **chilled /frozen/**
   to the marrow ... ...zmrznutý na kosť...
*They found him in the snow, he
was totally chilled to the
marrow.* Našli ho v snehu, bol
úplne zmrznutý na kosť.

M

MATCH
... **a match for** ... ... na roveň s ...
*I´m sure he is a match for
Peter.*
Som si istý, že sa môže rovnať
s Petrom.

... **no match for** ... ... nemôže sa porovnať s ...
*You can see he is no match for
the others.*
Vidíte, že nemá na ostatných.

MATTER
... **as a matter**
   of course ... ... ako samozrejmosť ...
*He spared no pains to save his
friend - ho took it as a matter
of course.*

Nešetril silami aby zachránil
priateľa - bral to ako
samozrejmosť.

... for that matter ... ... mimochodom /keď už sme
pri tom/ ...
*For that matter, I don´t
think he is responsible for the
things that have recently
happened.*
Keď už sme pri tom,
nemyslím si, že je zodpovedný
za veci, ktoré sa nedávno
stali.

... a matter of life **M**
and death ... ... veľmi vážna vec ...
*This is a matter of life
and death, we must
solve it as soon as
possible.*
Toto je veľmi vážna vec,
musíme ju riešiť tak skoro, ako
je len možné.

What´s the matter? Čo je vo veci?
/ Čo ti je?
It doesn´t matter. To nevadí.

MEANS
By all means. ... súhlas /zdvorilý/ ...

... by no means ... ... v žiadnom prípade ..

MEASURE

... for good measure ... ... navyše / k povinnej práci/ ...

After washing the dishes, she cleaned the floor for good measure. Umyla riad a navyše vyčistila podlahu.

MEMORY

... commit something
to memory ... ... zamapätať si ...

I had to commit all the things to memory because I had no paper to write it down. Musel som si všetko zapamätať lebo som nemal papier, aby som si to zapísal.

... a memory like
a sieve ... ... pamäť ako krokodíl ...

He couldn't even remember his name - he had a memory like a sieve. Nemohol si spomenúť ani na svoje meno - mal pamäť ako krokodíl.

MEND

... on the mend ... . uzdravovať sa ...

I don't think he is healthy again, but he is sure to be on the mend. Nemyslím si, že je zdravý, avšak istotne sa už cíti lepšie.

M

MENTION

Don´t mention it! ... odpoveď na „Thank you /very much/" alebo „Thank for all your help."

... not to mention ... ... dokonca, nevynímajúc ...
He is well-educated, diligent, hard-working, not to mention his fair manners.
Je vzdelaný /vyškolený/, usilovný a pracovitý, nevynímajúc jeho čestnosť.

MERCY

... at the mercy of ... ... na milosť a nemilosť ...
John was at the mercy of the others.
Ján sa vydal na milosť a nemilosť ostatných.

M

MESSAGE

... get the message ... ... pochopiť /náznak, správu/ ...
She got his message fast.
Rýchlo pochopila jeho odkaz.

MIDDLE

... in the middle of ... ... zaneprázdnený ...
Don´t distsurb me! I´m in the middle of a conversation.
Nevyrušuj ma!
Práve sa s niekým rozprávam.

MIGHT

... **do something with**
all one´s might ...   ... robiť niečo s maximálnym
                           úsilím ...
                           I did it with all my might,
                           but the results weren´t
                           acceptable.
                           Robil som to s maximálnym
                           úsilím, avšak výsledky neboli
                           prijateľné.

MILE

...**run a mile ...**   ... „vyzuť sa z niečoho" ...
                           If I suggested that proposal
                           I´m sure he would run a
                           mile.
                           Ak by som mu predložil ten
                           návrh, som si istý, že by sa
                           z toho snažil „vyzuť"
                           /neprijal by ho/.

MILK

Don´t cry over spilt
milk!   Neplač nad rozliatym
                           mliekom! /Život ide ďalej, to
                           sa už nedá zmeniť/

... **milk and water ...** ... bezcharakterný /morálne
                           slabý/ ...
                           He is made of milk and water,
                           he has never been helpful.
                           Nemá charakter, ešte nikdy
                           nikomu nepomohol.

MILL

... go /be put/ through the mill ...

... prejsť ťažkou skúškou ...
Before he became a pilot, he had gone through the mill.
Kým sa stal pilotom, prešiel ťažkými skúškami.

MIND

... bring something to mind ...

... pripomenúť niečo dávne ...
The old school building brought to his mind his childhood.
Stará budova školy mu pripomenula jeho detstvo.

M

... cast your mind back ...

... spomeň si, pripomeň si ...
Please, try to cast your mind back to the first time you saw the burglar. Prosím, skúste si spomenúť, kedy ste po prvý raz videli zlodeja.

... change your mind ...

... zmeniť názor, myslenie ...
I've changed my mind.
Zmenil som svoj postoj.

... come to mind ...

... prísť na um ...
Oh, something came to my mind.
Niečo mi zišlo na um.

**Do you mind /Would
you mind/**
...Vadilo by vám /zdvorilejšie/ ...
Do you mind if I smoke?
Vadilo by vám, keby som
fajčil?

**... have something in
mind ...**
... mať predstavu ...
What do you have in mind?
Už máš predstavu
o niečom?

**... have a mind of your
own ...**
... nepočúvať príkazy, robiť si
po svojom ...
*He is a very naughty boy, he
doesn´t respect anything. He
has a mind of his own.*
Je to veľmi neposlušný
chlapec, nič nerešpektuje.
Vždy si robí po svojom.

**... in one´s right
mind ...**
... je normálny / vo svojej koži/ ...
*Maybe he beat him, but I´m
sure he wasn´t in his right
mind.*
Možno ho zbil, avšak som si
istý, že nebol vo svojej koži
/v afekte/.

**... keep one´s mind on
something ...**
... dávať maximálny pozor ...

*Please, keep your mind on the
lecture, I won´t repeat it any
more.*
Prosím, sústreďte sa na
prednášku, už to viac nebudem
opakovať.

**... make up one´s
    mind ...**   ... rozhodnúť sa ...
I had to make up my mind.
Musel som sa rozhodnúť.

... mind you ...   ... len si predstav ...
*Mind you, he answered my
letter.*
Predstav si, odpovedal mi na
môj list.

M

Never mind!   Nevadí!

**... slip someone´s
    mind ...**   ... vypadnúť z mysle ...
*Did you tell him to come?
Oh, I forgot. It slipped my
mind.*
Povedal si mu, aby prišiel?
Zabudol som. Vypadlo mi to.

MINDS
**Great minds think
alike.**   Múdri ľudia prídu často na
podobné /rovnaké/
myšlienky.

... **in two minds** ... ... nerozhodnutý ...
*I'm in two minds, I can't
decide whether yes or no.*
Neviem sa rozhodnúť či áno,
či nie.

MINUTE

... **at any minute** ... ... kedykoľvek teraz ...
*She can appear at any
minute.*
Kedykoľvek sa môže objaviť
/prísť/.

... **at the last minute** ... ... v poslednej chvíli ...
*They came to an agreement at
the last minute.*
Dohodli sa v poslednej
chvíli.

Just a minute. Na chvíľočku.

MISS

I missed you. Chýbal si mi.

... **give something
a miss** ... ... nezúčastniť sa,
odmietnuť ...
*I think I'll give the cinema a
miss, I've been invited to
supper.*
Myslím, že nepôjdem
do kina, bola som pozvaná
na večeru.

M

MOMENT

... any moment now ... ... za chvíľočku / teraz sa
niečo udeje, na čo sme
čakali ...
*Yes, any moment now he will
open the door.*
Áno, teraz otvorí dvere.

Just a moment! Hneď!

MONEY

... for my money ... ... podľa môjho názoru ...
*For my money, I´d not join
them.*
Ja byť tebou, nepripojím sa
k nim.

M

**... have money to
burn ...** ... mať peniaze na hlúposti ...
*I can´t buy you the teddy-bear,
I haven´t money to burn.*
Nemôžem ti kúpiť
medvedíka, nemám peniaze
na hlúposti.

... make money ... ... zarábať peniaze, mať zisk ...
*The firm is not making
money now, they are in
trouble.*
Firma momentálne nemá zisk,
sú v kríze.

... money for jam ... ... ľahko získané peniaze ...

He gained the rich client - it was money for jam.
Získal bohatého zákazníka. Boli to ľahko zarobené peniaze.

I´m not made of money.

Nemám viac peňazí.

... spend money like there was no tomorrow ...

... ľahko míňať peniaze ...
He spent money like there was no tomorrow because his father was a very rich man.

Ľahko míňal peniaze, lebo jeho otec bol veľmi bohatý človek.

MOON

... once in a blue moon ...

... takmer nikdy ...
We go to the cinema once in a blue moon.
Takmer nikdy nechodíme do kina.

MORE

... more or less ...

... viacmenej / aj približne/ ...
He has already more or less stopped that process.
Viac-menej už zastavil ten proces.

MOUNTAINS

... **move mountains** ...
... urobiť niečo takmer nemožné ...
When he was in danger, he moved mountains to save his life.
Keď bol v nebezpečenstve dokázal nemožné, aby si zachránil život.

MOUTH

... **big mouth** ...
... príliš dlho /hlasno/ hovoriaci človek ...
Don't bother me and keep your big mouth shut!
Neobťažuj ma a drž hubu!

M

... **down in the mouth** ...
... smutný, bez nálady ...
He was looking so down in the mouth.
Vyzeral úplne bez nálady / na dne/.

MOVE

... **on the move** ...
... v pohybe /vývoji, aj zaneprázdnený/...
I've been on the move since morning.
Som v pohybe /bez prestávky/ od rána.

MUCH

... not be up
to much ...

... byť zlý ...
*Tom isn't up to much, he has
been sick recently.*
Tom je zlý, nedávno bol chorý.

MUG

... a mug's game ...

... nebezpečná hra ...
It's a mug's game!
Je to nebezpečné!

MURDER

... get away with
murder ...

... mať povolené hocičo ...
*His father let him get away
with murder .*
Jeho otec ho nechá robiť
hocičo.

M

N

NAIL

... nail-bitting....

... vzrušujúci/dramatický ...
*We saw a nail-bitting finish
to the football match.*
Videli sme dramatický
koniec futbalového zápasu.

**... a nail in the
coffin...**

... ďalší klinček do rakvy ...
*He is late again. It is anot-
her nail in the coffin of his
career.* Zasa prišiel neskoro.
Je to ďalší klinček do rakvy
v jeho kariére.

**... hit the nail on
the head ...**

... trafiť klinček po hlavičke ...
*He was very nervous. I knew
I had hit the nail on the
head.*
Bol veľmi nervózny.
Vedela som, že som trafila
do čierneho.

NAME

... big name ...

... známe meno ...
*What's the biggest name in
the Car Industry ?
I think Enzo Ferrari.*

Aké je najznámejšie meno
v Automobilovom Priemysle ?
Myslím, že Enzo Ferrari.

... first name/
Christian name ...   ... rodné meno ...
His first name is Peter.
Volá sa Peter.

... full name ...   ... celé meno ...
My full name is Tom Brown.
Volám sa Tom Brown.

... last name/
surname/family
name ...   ... priezvisko ...
Her surname is Bláhová.
Volá sa Bláhová.

N

... by the name ...   ... menom ...
Is there anyone sitting over
there by the name Clark ?
Sedí tam niekto menom
Clark ?

... call someone
names ...   ... urážať niekoho ...
Don´t call me names.
Neurážaj ma !

... can´t put
a name to it ...   nevedieť si spomenúť na
niečo ...

*We know it but we can't put
a name to it.*
Vieme to ale nemôžeme si
na to spomenúť.

... **get a bad name** ...   ... mať zlé meno ...

... **get a good
name** ...   ... mať dobré meno ...
*This school has got a good
name because of its
teachers.*
Táto škola má dobré meno
vďaka svojim učiteľom.

... **go by the
name of** ...   ... prezývať ...
*He went by the name of
"Čierna ruka".*
Prezývali ho „Čierna ruka".

... **in sb´s name** ...   ... na jeho meno ...
*This room is booked in
Tom´s name.*
Táto izba je rezervovaná
na Tomove meno.

... **in the name
of someone** ...   ... v niekoho mene ...
*He wants to buy the house
she is renting in the name
of their father.*
Chce kúpiť jej prenajatý dom
v mene ich otca.

... make a name for yourself ...	.. presláviť sa ... *She made a name for herself by acting in the Royal Theatre.* Preslávila sa účinkovaním v Kráľovskom Divadle.
... not have a penny to your name ...	... byť veľmi chudobný ...
... sb´s name is mud ...	... mať zlé meno /povesť/ ... *Her name was mud because of her behaviour.* Pokazila si meno svojim správaním.
... take sb´s name in vain ...	... rúhať sa ... *Why do you take God's name in vain ?* Prečo berieš Božie meno nadarmo ?
... the name of the game ...	... najdôležitejší cieľ /najpotrebnejšia vec ... *The name of the game is to be the last one standing.* Cieľom je byť posledný stojaci človek.
... under a certain name ...	... pod iným menom ...

N

He has been living here under
another name for 10 years.
Žije tu pod cudzím menom
už 10 rokov.

NATURE

... **back to nature** ...   ... návrat k jednoduchosti/
k zdravšiemu štýlu života/ ...
Try to get back to nature.
Skús zmeniť štýl života.

... **be in someone's
nature** ...   ... mať v povahe ...
*I wouldn't do it, it's not in
my nature.*
Nemohol by som to urobiť,
nemám to v povahe.

... **second nature** ...   ... niečo sa stáva
prirodzeným/po určitých
návykoch/ ...
*It will soon become second
nature for you.* Čoskoro sa to
pre teba stane normálne.

NEAR

... **near relative** ...   ... blízky príbuzný/z rodiny/ ...
... **in the near
future** ...   ... čoskoro ...
*They promised to visit
us again in the near future.*
Sľúbili nás čoskoro opäť
navštíviť.

... **your nearest and
    dearest** ...   ... tvoji najbližší/rodina a aj
                                        priatelia/ ...
... **the Near East** ...   ... Blízky Východ ...

NECK

... **break someone´s
    neck** ...   ... podrezať niekomu krk ...
                                     *If you don´t bring me these
                                     things, I´ll break your
                                     neck !*
                                     Ak mi neprinesieš tie veci,
                                     zakrútim ti krkom.

... **breathe down
    someone´s neck** ...   ... byť niekomu za pätami ...
                                     *You don´t have to breathe
                                     down my neck the whole
                                     time.*
                                     I know what to do.
                                     Nemusíš mi byť celý čas
                                     za pätami. Viem, čo mám
                                     robiť.

... **in this neck of
    the woods** ...   ... časť krajiny/územie/ ...
                                     *Why have you been living in
                                     this neck of the woods ?*
                                     Prečo žiješ tu ?

... **lose by a neck** ...   ... tesne prehrať ...
                                     This horse lost by a neck.
                                     Tento kôň tesne prehral.

N

... neck and neck ...	... rovnaká šanca na výhru/nikto zatiaľ nevyhráva/ ...
... risk your neck ...	... riskovať život ...
	He never risked his neck.
	Nikdy neriskoval svoj život.
... save your neck ...	... zachrániť si krk ...
	It´s the only way to save your neck.
	To je jediný spôsob ako sa zachrániš.
... up to your neck ...	... byť v niečom až po uši ...
	... byť veľmi zaneprázdnený ...
	She is up to her neck - she can´t go with you.
	Nemá teraz čas - nemôže ísť s tebou.
... win by a neck ...	... tesne vyhrať ...
	This horse won by a neck.
	Tento kôň tesne vyhral.

N

NEED

... have no need sth ...	... nepotrebovať niečo ...
	I have no need of your help.
	Nepotrebujem tvoju pomoc.
... if need be ...	... ak je treba ...
	I´ll go there if need be.
	Pôjdem tam, ak bude treba.

| ... in need ... | ... v nedostatku ...
*They have been living in
need for ages.*
Už roky žijú v biede. |

NEEDLE

| ... like looking for
a needle in
a haystack ... | ... ako hľadanie ihly v kope
sena ...
*It will be like looking for
a needle in a haystack.
There are about 2000 books
there.*
To bude ako hľadať ihlu
v kope sena.
Je tam asi 2000 kníh. |

N

NERVE

| ... get on someone´s
nerves ... | ... ísť niekomu na
nervy ...
*Turn off that radio. It´s
getting on my nerves.*
Vypni to rádio. Lezie mi to
na nervy. |
| ... have a nerve ... | ... mať drzosť/niečo
urobiť/ ...
*She´s got a nerve asking for
his pocket money.*
Mala tú drzosť pýtať si jeho
vreckové. |

... have the nerve
   to do sth ...   ... mať drzosť niečo urobiť ...
After all that has happened,
he has the nerve to come
here. Po tom všetkom má
drzosť sem prísť.

... lose your nerve ...   ... stratiť odvahu ...
She'd have passed these
exams if she hadn't lost her
nerve. Zloží skúšky,
ak nestratí odvahu.

What a nerve !   Aká drzosť !

NEST

N

  ... a nest-egg ...   ... majetok/odložený na
ďaľšie časy/ ...
I must say I haven't got any
nest-egg for my sons.
Musím povedať, že nemám
nič pre svojich synov.

... feather your
  own nest ...   ... „nabaliť sa" /zbohatnúť/ ...
Before she started to work in
her new job, she had been
using her position to feather
her own nest.
Predtým ako začala pracovať
vo svojej novej práci,
využívala svoje postavenie,
aby sa nabalila.

... **foul the nest** ...	... špiniť do vlastného hniezda ...
... **leave the nest** ...	... opustiť hniezdo /domov/ ...
	I left the nest when I was 18 .
	Keď som mala 18, odišla som z domu.

NET

... **net profit** ...	... čistý zisk ...
... **net result of** ...	... konečný výsledok ...
... **net weight** ...	... čistá váha ...
... **surf the net** ...	... používať Internet ...
... **the Net** ...	... Internet ...

NEVER

... **as never before** ...	... ako nikdy predtým ...
	He was very friendly as never before.
	Bol veľmi priateľský ako nikdy predtým.

N

Never !	To nie je možné /prekvapenie/.
... **never ever** ...	... nikdy ...
	I'll never ever leave him.
	Nikdy ho neopustím.

... **never in all my life** ...	... nikdy vo svojom živote ...
... **never-mind** ...	... to nič ...
	... nič si z toho nerob ...

	I´ve lost our keys. Never mind. Stratila som naše kľúče. Nič si z toho nerob.
Never you mind.	Nestaraj sa.
... **never - never** ...	... kúpiť/na splátky/ ... *I bought my computer on the never - never.* Kúpila som si počítač na splátky.
... **never - never land** ...	... „neexistujúca krajina" /kde je všetko fantastické/ ...
... **never once** ...	... nikdy ...
... **never say die** ...	... nestrácať nádej ... *Never say die !* Nikdy nestrácaj nádej.
I never knew that ...	Nikdy som nevedel, že ...
You never know.	Nikdy nevieš/čo sa môže stať/ .

NEW

... **as good as new** ...	... ako nové ... *His bike needs repairing and it´ll be as good as new.* Jeho bicykel potrebuje opravu a bude ako nový.

... **be the new
   boy/girl** ...   ... nováčik / „zajac" / ...
... **be the new kid
   on the block
   AmE** ...   ... nováčik ...
                               *Peter was the new kid on
                               the block.*
                               It was not easy for him.
                               Peter sa stal nováčik.
                               Nebolo to pre neho ľahké.

... **break the news** ...   ... oznámiť zlú správu ...
                               *I didn´t know how to break
                               the news to my parents.*
                               Nevedela som, ako mám
                               oznámiť zlú správu rodičom.

... **feel/like/ a new
   man/woman** ...   ... cítiť sa ako nový
                               človek/lepšie ako predtým/ ...
... **latest news** ...   ... najnovšie správy ...
                               Have you heard the latest news?
                               Počul si najnovšie správy ?

... **New Age** ...   ... Nový Vek/koniec 20.stor./ ...
... **new blood** ...   ... nová krv/ľudia, plní
                               energie a nápadov/ ...
... **new broom** ...   ... vodca/nejakej skupiny/ ...
... **New Man** ...   ... „Emancipovaný muž" ...
... **„that´s news
   to me"** ...   ... to je pre mňa novinka ...
... **the news** ...   ... správy/vysielané
                               v televízii, rozhlase/ ...

What´s new ? AmE	Ako sa máš ?
New Year.	Nový rok.
Happy New Year.	Šťastný Nový rok.
... new year resolution ...	... novoročné predsavzatie ...
New Year´s Day.	1. január
New Year´s Eve.	31. december /Silvester/.

NEXT

... be next in line ...	... byť ďalší v poradí ...
	Tom will be next in line for this position.
	Tom bude ďalší na túto pozíciu.
... next-door ...	... sused ...
Next, please.	Ďalší, prosím.
... the next to last ...	... predposledný ...

NICE

... be as nice as pie ...	... byť milý/priateľský ...
	I have to tell him about this unpleasant situation.
	I hope he´ll be as nice as pie.
	Musím mu povedať o tejto nepríjemnej situácii.
	Dúfam, že bude priateľský.
Have a nice day ! AmE	Pekný deň/pri odchode/.
It´s been nice meeting you.	... pozdrav/pri odchode/ ...

N

... **nice-looking** ...	... atraktívny/a ...
	She´s nice-looking, isn´t she ?
	Je atraktívna, však ?
Nice to meet you.	... pozdrav/pri stretnutí/ ...

NIGHT

... **a night-owl** ...	... nočný vták/človek,ktorý
	zostáva dlho hore do noci/ ...
... **at the dead**	
of night ...	... v noci/uprostred/ ...
... **first night** ...	... prvé predstavenie ...
... **good night´s**	
sleep	... dobre sa vyspať ...
... **have a bad night** ...	... zle sa vyspať ...
	I had a bad night. My little
	son had a bad cough.
	Zle som sa vyspala. Môj
	synček mal silný kašeľ.
... **last night** ...	... minulý večer ...
Night ! Goodnight !	Dobrú noc !
... **night after**	
night ...	... noc čo noc ...
... **night and day** ...	... deň a noc/stále v činnosti/ ...
... **nightmare** ...	... „nočná mora" /sen/ ...
... **nightschool** ...	... večerná škola ...
... **nightwatchman** ...	... nočný strážnik ...

N

NOSE

... **cut off your nose**	
to spite your	
face ...	... píliť si pod sebou konár ...

I'm cutting off my nose to
spite my face.
Ubližujem sám sebe.

**... follow your
nose ...**

... ísť rovno za nosom ...
You must follow your nose
down this street, then turn
right.
Musíš ísť rovno dolu touto
ulicou, potom zabočíš
do prava.

**... have a nose
for sth ...**

... mať nos na niečo ...
He's got a nose for profits.
Vie správne odhadnúť zisky.

N

**... lead someone
by the nose ...**

... robiť si s niekým čo
chceme ...
You won't lead your husband
by the nose.
Nebudeš si s manželom
robiť, čo sa ti zachce.

**... stick your nose
into sth ...**

... strkať do niečoho svoj
nos ...
Do you have to stick your
nose into everything ?
Musíš do všetkého strkať
svoj nos ?

... **turn your nose up
   at something** ...   ... ohŕňať nad niečím nos ...
*He never turns his nose up
at my supper.*
Nikdy neohŕňa nos nad
mojou večerou.

NOTE

... **compare notes** ...   ... vymieňať si názory ...
*He wants to compare notes
with them .*
Chce si s nimi podiskutovať.

... **take note** ...   ... venovať pozornosť ...
*I did not take note of what
he said.*
Nevenujem mu pozornosť.

N

NOTHING

... **count for
   nothing** ...   ... bez hodnoty ...
... **for nothing** ...   ... zadarmo ...
... **it was nothing** ...   ... ďakujem vám ...
... **next to nothing** ...   ... takmer nič ...
*He came to the window
wearing next to nothing.*
Prišiel k oknu takmer
nahý.

... **there´s nothing
   like** ...   ... výborné ...
... **nothing but** ...   ... iba, len ...
... **nothing doing** ...   ... nedá sa nič robiť ...

*There's nothing doing at this
moment over there.*
Tam sa nedá už nič robiť.

... **nothing in it** ...   ... to nie je pravda ...
... **nothing much** ...   ... skoro nič ...
*What did you write last
month ? Oh, nothing much.*
Čo si napísal minulý mesiac ?
Skoro nič.

... **nothing special** ...   ... priemer ...
*This lunch was nothing
special.*
Tento obed bol priemerný.

NOTICE

... **at short notice/
at a moment's
notice** ...   ... okamžite/bez prípravy/ ...
*It was the best I could do at
such short notice.*
Bolo to najlepšie zo všetkého,
čo som mohol hneď urobiť.

... **hand in/give in
your notice** ...   ... dať výpoveď ...
... **sit up and take
notice** ...   ... vzbudiť pozornosť ...
*This performance made the
audience sit up and take
notice.* Toto predstavenie
vzbudilo pozornosť.

NOW

... **as of now** ...	... odteraz ...
	As of now we must work
	from 8 a.m. to 4 p.m.
	Odteraz musíme pracovať
	od 8 do 4 .
... **just now** ...	... teraz ...
	I can´t do it just now.
	I´m busy.
	Nemôžem to teraz urobiť.
	Som zaneprázdnená.
... **now and then** ...	... niekedy ...
... **now then** ...	... nuž ...
... **right now** ...	... presne teraz ...
	I´m very busy right now.
	Can I ring you later ?
	Práve teraz som zaneprázdnená.
	Zavolám ti neskôr ?

N

NUMBER

... **a good number** ...	... veľa ...
... **a number of** ...	... niekoľko ...
... **number one** ...	... „jednička"...
	He was always number one
	in swimming.
	Vždy bol v plávaní najlepší.
... **your number**	
is up ...	... máš to spočítané ...
	It seems his number is up.
	Zdá sa, že to má spočítané.

NUT

... **a hard nut
to crack** ...   ... tvrdý oriešok ...
*It was a hard nut to crack
for us.*
Bol to pre nás ťažký oriešok.

... **nuts about** ...   ... zbláznený do niekoho/
niečoho ...
I'm nuts about music.
Som blázon do muziky.

N

O

OATS

... be off your oats ... ... nemať chuť do jedla ...
*No, I'd like only something
to drink, I'm off my oats.*
Nie, dám si len niečo na
pitie, nemám chuť na jedlo.

OBJECT

... no object ... ... nepodstatný /o cene/ ...
*Give me the best sort, the
price is no object.*
Dajte mi najlepší druh,
na cene nezáleží.

O

OCCASION

... on occasion ... ... občas ...
*I used go to the cinema often
but now only on occasion.*
Zvykol som chodiť často do
kina, ale teraz už len občas.

... on the occasion ... ... pri príležitosti ...
*... on the occasion of his
60th birthday ...*
... pri príležitosti jeho
60-tych narodenín ...

**... quite an
  occasion ...** ... vzrušujúca príležitosť ...

ODDS

**... against all
the odds ...**   ... napriek všetkým
ťažkostiam/problémom/ ...
*Against all the odds, he has
finally acquired the rank
of colonel.*
Napriek všetkým ťažkostiam,
nakoniec získal hodnosť
plukovníka.

... odds and ends ...   ... drobnosti ...
*There was nothing in the
bag, only odds and ends of
no importance.*
V taške nič nebolo, iba
nepodstatné drobnosti.

What´s the odds ?   Aká je šanca, že sa to stane ?   **O**

OF COURSE

Of course.   Samozrejme.
*Of course we´ll go there
with you.*
Samozrejme tam s tebou
pôjdeme.

OFF

... be off ...   ... odísť ...
He´s off now.   Odchádza.
... pokazené jedlo ...
This cocoa is off !
Toto kakao je pokazené !

... **be badly off** ...   ... byť chudobný ...
... **be well off** ...   ... byť bohatý ...

... **off and on/on**
   and off ...   ... občas ...
It's been raining off and on all night. Pršalo s prestávkami celú noc.

OFFENCE

... **offend** ...   ... nahnevať/niekoho/ ...
He wasn't sure he had offended anybody.
Nebol si istý, či niekoho nenahneval.

OFFER

... **on offer** ...   ... prístupný, ponúknutý ...
What is on offer now ?
Čo mi môžete ponúknuť ?

OFTEN

... **as often as not** ...   ... je šanca pol na pol ...
As often as not, he will give you your money.
Je to asi pol na pol, že ti prinesie tvoje peniaze.

... **every so often** ...   ... niekedy ...
... **how often ?** ...   ... ako často ? ...
How often do you go to the cinema ?
Ako často chodíš do kina ?

| ... **more often than** | |
| **not** ... | ... zvyčajne ... |

More often than not they'll
come at six p.m. on Sundays.
Zvyčajne prichádzajú
o šiestej každú nedeľu.

... **be no oil**
painting ...   ... byť nepríjemného vzhľadu ...
They say he is no oil
painting, but he has a very
nice voice.
Hovorí sa, že nie je veľmi
pekný, ale má veľmi pekný
hlas.

... **strike oil** ...   ... dosiahnuť úspech /hlavne
finančný/ ...
After he had struck oil, he
changed.
Zmenil sa, ako dosiahol
finančné úspechy.

O

... **well oiled** ...   ... spitý ...
He has always been coming
back well oiled.
Vždy sa vrátil opitý.

... **be an old**
hand at ...   ... mať skúsenosti ...

My father is an old hand at fishing. Môj otec má skúsenosti s chytaním rýb.

... be...old ...   ... mať...rokov ...
How old are you ? I'm 18.
Koľko máš rokov ? 18.

... be old as the
   hills ...   ... veľmi starý ...
... get old ...   ... stárnuť ...
I am getting old. Stárnem.

... old age ...   ... staroba ...
... old job ...   ... predošlá práca ...
... the good old
   days ...   ... staré zlaté časy ...
We like to talk about the good old days.
Radi rozprávame o starých dobrých časoch.

... the old ...   ... starí/ľudia/ ...
... the old days ...   ... minulosť ...
In the old days there weren't cars. V minulosti neboli autá.

... the same old ...   ... unudený/niečím/ ...

O

ON

... be on at
   somebody ...   ... „tlačiť" na niekoho / hnevať ho ...

*She was on him to repair
her car.*
Chcela od neho, aby jej
opravil auto.

... have a lot on ... ... veľmi byť
zaneprázdnený ...
I have a lot on today.
Dnes mám veľa práce.

... on to someone ... ... skontaktovať sa, spojiť sa
s niekým ...
*I have to get on to Mark
today.* Musím sa dnes spojiť
s Markom.

ONCE

... all at once ... ... zrazu ...
*All at once we heard that
strange noise and then ...*
Zrazu sme počuli ten
zvláštny zvuk a potom ...

O

... at once ... ... okamžite ...
Stop working at once !
Okamžite prestaň pracovať !
... naraz ...
*You spoiled that machine
because you tried to do a lot
of things at once.*
Pokazil si prístroj, lebo si sa
pokúšal robiť veľa vecí
naraz.

... **once and for all** ...   ... raz a navždy ...
                                *I hope it was once and for
                                all !*
                                Dúfam, že to bolo raz
                                a navždy.

... **once upon
a time** ...   ... kde bolo - tam bolo ...

ONE
... **at one** ...   ... zajedno, súhlasiť ...
                                *It will be very advantageous
                                for you, to be at one with
                                him.*
                                Bude to pre teba veľmi
                                výhodné, ak s ním budeš
                                súhlasiť.

Got it in one !   Uhádol si ! /Trafil si sa do
                                čierneho/.

... **in ones and
twos** ...   ... v skupinkách ...
                                *We arrived in ones and
                                twos.*
                                Prišli sme po skupinkách.

... **one by one /one
after another/** ...   ... jeden za druhým ...
                                *They had done it one by one
                                until John stopped them.*
                                Robili to jeden za druhým,
                                pokým ich Ján nezastavil.

O

... **one-eyed** ...   ... jednooký ...
... **one-legged** ...   ... jednonohý ...

... **put one over
on somebody** ...   ... oklamať niekoho ...
                                        *He put one over on her and
                                        then disappeared.*
                                        Oklamal ju a potom
                                        zmizol.

ONIONS

... **know his
onions** ...   ... vyznať sa vo veci ...
                                        *I´m not sure he knows his
                                        onions.*
                                        Nie som si istý, či sa vyzná
                                        vo veci.

ONLY

O

... **if only** ...   ... keby len ...
                                        *If only I knew what
                                        to do !*
                                        Keby som len vedel,
                                        čo robiť !

OPEN

... **in the open** ...   ... vonku /správy/ ...
                                        *His mistake is out in the
                                        open now.*
                                        Všetci vedia, že je to jeho
                                        chyba.

... **the open sea** ...   ... šíre more ...

ORDER

... a tall order ...

... veľký problém ...
I must go through an examination from both English and German, that's a tall order for me.
Musím urobiť skúšky z angličtiny a nemčiny - je to pre mňa tvrdý oriešok.

... by order of ...

... právne ...
Mr. Wilson was arrested in his flat, by order of the police.
Pán Wilson bol zatknutý políciou vo svojom byte.

O

... in order to ...

... aby, z dôvodu /čoho/ ...
I must catch him in order to ask him what to do with these papers.
Musím ho zastihnúť, aby som sa ho spýtal, čo robiť s týmito papierami.

... on order ...

... mať niečo dojednané ...
I have three books on order, but they have not arrived yet.
Mám objednané tri knihy, ale ešte neprišli.

OTHER

... on the other
   side ...   ... na druhej strane ...
                               There is a library on the
                               other side of the road.
                               Na druhej strane ulice
                               je knižnica.

... or other ...   ... pochybnosť, neistota ...
                               It may be caused by
                               something special or other.
                               Možno to spôsobilo
                               pochybnosť.

... the other day ...   ... nedávno ...
                               I heard about it the other day.
                               Nedávno som o tom počul.

OUT

                                                              O

... be out of work ...   ... byť nezamestnaný ...
                               I'm out of work.
                               Nemám prácu.

... have it out with
   someone ...   ... hádať sa/vybavovať si
                               účty/ s niekým ...
                               Don't go away ! I'll have it
                               out with you here.
                               Nikam neodchádzaj !
                               Tu si to vybavíme !

... out of it ...   ... nemôcť/necítiť sa na
                               niečo/ ...

He is out of it, he can hardly
respond to your questions.
Je úplne mimo, ťažko bude
reagovať na tvoje otázky.

... out of order ...   ... pokazený ...
This new bike is out of order.
Tento nový bicykel je
pokazený.

... out of your
head /mind/ ...   ... nahnevaný/utrápený,
aj opitý/ ...
She was really out of her
head when she noticed the
floor was dirty.
Nahnevala sa, keď zbadala
špinavú dlážku.

O

... out to do
something ...   ... veľmi chtivý niečo robiť ...
You needn´t be so out to do it !
Nemusíš sa tak snažiť.

Out with it !   Von s tým ! /Povedz to
na rovinu/.

Out you go !   Choď preč !

... all over again ...   ... odznova /zopakovať niečo/...
They had to start
all over again.
Museli začať odznova.

| ... **over and over** ... | ... neustále ...
He kept on saying it over
and over again.
To nám neustále hovoril. |

OWN

... **come into your** **own** ...	... ukázať sa z dobrej stránky, prejaviť svoje kvality ... *He came into his own when* *he got a new job.* Ukázal svoje kvality, keď získal novú prácu.
... **on your own** ...	... sám ... *I've been living on my own* *for two years.* Žijem sama už dva roky.
... **owner** ...	... vlastník ...

O

P

PACE

... **keep pace with** ...   ... držať krok s ...
It´s very difficult for me to
keep pace with him.
Je pre mňa dosť ťažké s ním
držať krok.

... **set the pace** ...   ... udať tempo /pri štarte/ ...
He has set the pace till now.
Udával tempo až doteraz.

... **show your paces** ...   ... ukáž, čo vieš ...
Let him work longer.
Everyone should have
a chance to show
his paces.
Nechaj ho robiť dlhšie.
Každý by mal mať šancu
ukázať, čo v ňom je.

PACK

... **a pack of lies** ...   ... kopa klamstiev ...
He tried telling me a pack
of lies.
Pokúšal sa mi nahovoriť
kopu klamstiev.

Pack it in !   Prestaň ! /hovoriť, robiť
určitú činnosť/.

PAIN

... on /under/ pain of something ...	... po hrozbou niečoho /trestu/ ...
	Under pain of punishment he decided to tell the truth.
	Pod hrozbou trestu sa rozhodol povedať pravdu.
... take pains ...	... robiť niečo s veľkým úsilím ...
	She took great pains to finish in due time.
	Stálo ju to obrovskú námahu skončiť načas.

PAIRS

... in pairs ...	... vo dvojici ...
	I can give it to you only in pairs.
	Môžem vám to dať len vo dvojici.

P

PAPER

... paper tiger ...	... „figúrka", niekto kto nemá skutočnú moc, hoci ju predstavuje ...
	You needn't be afraid of him, he is only a paper tiger.
	Nemusíš sa ho báť, je to len figúrka.

PAR

... below par ...	... nebyť vo forme /športovec/ alebo byť pod úrovňou bežného štandardu ... *I think he is not up to par.* *He was last in this competition this year.* Myslím si, že nie je vo forme. Tento rok bol posledný v súťaži.

PARDON

I beg your pardon !	Prepáčte !

PART

... for my part ...	... čo sa týka mňa, pokiaľ ide o môj názor ... *For my part, I disagree with her.* Pokiaľ ide o môj názor, nesúhlasím s ňou.
... good in parts ...	... čiastočne dobrý, s dobrými aj zlými vlastnosťami ... *The film was good in parts, with some boring bits.* Film bol v podstate dobrý, mal zopár nudných miest.
... in part ...	... čiastočne, do istej miery ... *He was right in part.* Čiastočne mal pravdu.

P

... look the part ...	... držať sa dobre / aj napriek neskúsenosti / ...
	... dobre sa obliekať /vyzerať v šatách/ ...
	She has an interest in looking the part.
	Má záujem, aby v šatách dobre vyzerala.
... take part ...	... zúčastniť sa ...
	John took part in the project with two other men.
	Ján sa na projekte zúčastnil s ďalšími dvoma mužmi.

PASS

... come to a pass ...	... stať sa malér ...
	We can't do it this way, it would come to a great pass !
	Nemôžeme to takto robiť, prišli by sme do pekného maléru .
... come to pass ...	... stať sa ...
	I hope, it will come to pass, the sooner the better.
	Dúfam, že sa to stane čím skôr, tým lepšie.
... pass mark ...	... známka, ktorú treba minimálne dosiahnuť ...

P

PAT

... **have something
off pat** ...   ... vedieť niečo naspamäť
                                 bez chyby ...
                                 *Learn the text until you have
                                 all the lines off pat !*
                                 Uč sa text pokým ho
                                 nebudeš vedieť celý
                                 naspamäť.

PATCH

... **go through a bad
patch** ...   ... prejsť mnohými
                                 problémami ...
                                 *Their marriage went through
                                 a bad patch after she had
                                 found out about his
                                 infidelity.*
                                 Ich manželstvo prešlo
                                 ťažkou krízou po tom, čo
                                 zistila jeho neveru.

PAY

Pay attention !   Dávaj pozor !

... **pay a call on
someone** ...   ... navštíviť niekoho ...
                                 *He decided to pay a call
                                 on her.*
                                 Rozhodol sa ju navštíviť.

... **pay your way** ...   ... nezávisieť od príjmov
                                 iných ...

He doesn´t need your help,
he pays his own bills.
Nepotrebuje tvoju pomoc,
je nezávislý.

PEACE

... **keep the peace** ...   ... udržiavať poriadok
                                 /polícia/ ...
                                 We are here to keep the
                                 peace.
                                 Sme tu, aby sme udržali
                                 poriadok.

... **make peace** ...   ... skončiť vojnu ...
                                 After six years of the
                                 destructive war, they decided
                                 to make peace and
                                 settle with the other side.
                                 Po šiestich rokoch ničivej
                                 vojny sa rozhodli pre mier
                                 a dohodu s druhou stranou.

P

PEANUTS

... **for peanuts** ...   ... za hrsť drobných ...
                                 He was working from
                                 morning till night for
                                 peanuts.
                                 Pracoval od rána do noci
                                 za hrsť drobných.

PEN

... **put pen to**
     paper ...   .. napísať list ...

You should put pen to paper,
he is waiting for your letter.
Mal by si napísať, čaká
na tvoj list.

PENNY

... **a pretty penny** ...　... pekné peniaze ...
It costs a pretty penny,
I can´t afford it.
Stojí to pekné peniaze,
nemôžem si to dovoliť.

... **not cost**
　a penny ...　　　... nič neminúť ...
He has spent the whole day
in the city but it hasn´t cost
him a penny.
Strávil celý deň v meste,
ale neminul ani groš.

P

... **the penny**
　dropped ...　　　... „ľady sa pohli"/konečne
niekto niečo urobil/ ...
Then the penny dropped
and he looked at her.
Konečne sa na ňu pozrel.

PERIL

... **at your peril** ...　... príliš riskuješ ...
If I were you, I wouldn´t do
it. It´s at your peril.
Keby som bol tebou, nerobil
by som to. Ide ti o krk.

PERSON
... **the last person** ... ... posledný človek /z tých/ ...
He is the last person you
would expect a helpful hand
from.
Je to posledný človek,
od ktorého môžeš očakávať
pomoc.

PHONE
... **be on the phone** ... ... telefonovať, mať
telefón ...
Don't disturb me when
I'm on the phone !
Nevyrušuj ma, keď
telefonujem !

PICTURE
... **get the picture** ... ... porozumieť ...
His face showed he got the
picture of this situation.
Jeho tvár prezrádzala, že vie,
o čo ide.

... **in the picture** ...   ... zapojený /v niečom/ ...
... **put someone**
   in the picture ... ... vysvetliť niekomu, o čo
ide ...
I suppose he has not always
been in the picture
with them.
Nepredpokladal som, že
v tom ide s nimi.

P

PIECE

... **a set piece** ...

... nacvičený kúsok ...
They had a lot of set pieces in their performance to make it interesting.
Mali v predstavení veľa nacvičených kúskov, ktoré ho robili zaujímavým.

... **go to pieces** ...

... znervóznieť, úplne sa zosypať ...
Her father's death caused her to go to pieces.
Smrť jej otca ňou otriasla.

... **in one piece** ...

... nepoškodený, nezranený ...
Fortunately, we were all in one piece after the storm.
Našťastie, z búrky sme vyviazli nezranení.

P

PIG

... **a pig in a poke** ...

... mačka vo vreci ...
You're buying a pig in a poke.
Kupuješ mačku vo vreci.

... **make a pig's ear of something** ...

... urobiť niečo zle ...
Look ! You have made a pig's ear of your homework.
Pozri sa, čo si urobila s tou domácou úlohou .

Pigs might fly.   To určite ! /absolútna
                                       nedôvera v niečo/.

PILLAR
... from pillar
to post ...   ... z jedného miesta na druhé ...
                                       I had been sent from pillar
                                       to post until suddenly he
                                       appeared in front of me.
                                       Posielali ma z jedného
                                       miesta na druhé, pokým sa
                                       zrazu nezjavil predo mnou.

PIN
... pins and
needles ...   ... ako na ihlách ...
                                       This boy had on pins and
                                       needles. He wanted to meet her.
                                       Ten chlapec bol nervózny.
                                       Chcel ju stretnúť.

P

PINCH
... feel the pinch ...   ... nemať peniaze ...
                                       I have often felt the pinch.
                                       Často som nemal peniaze.

PINK
... in the pink/in the
pink of health ...   ... zdravý ako buk ...
                                       My younger sister is in the
                                       pink again.
                                       Moja mladšia sestra je opäť
                                       zdravá.

... **the pink of
perfection** ...   ... vrchol dokonalosti ...

PIPE

... **a pipe dream** ...   ... nereálny sen ...
... **put that in your
pipe and
smoke it** ...   ... raz a navždy si niečo
zapamätať ...
*Peter is going to the cinema
with us, so put that in your
pipe and smoke it !*
Peter ide s nami do kina,
tak si to dobre zapíš za uši !

PIPELINE

... **in the pipeline** ...   ... niečo sa chystá ...
*There are a lot of changes
in the pipeline at our
workplace.* V našej práci sa
chystá veľa zmien.

PIPER

... **he who pays the
piper calls the
tune** ...   ... kto platí, ten je pán ...

PIPING

... **piping hot** ...   ... veľmi horúce /jedlo, pitie/ ...
*Be careful. This tea is
piping hot.*
Dávaj pozor. Ten čaj je
veľmi horúci.

P

PISS

... piss-up ...

... „žúr" /večierok, kde sa
veľa pije/ ...
*There is a piss-up in the
pipeline next week.*
Na budúci týždeň sa chystá
žúr.

PITCHERS

... little pitchers
have big ears ...

... aj steny majú uši ...
*Don´t talk to me about it
now. Little pitchers have big
ears.*
Nehovor mi teraz o tom.
Aj steny majú uši.

PITY

... have pity on
someone ...

... mať s niekým
zľutovanie ...
I don´t pity him at all.
Vôbec s ním nemám
zľutovanie.

P

... more´s the pity ... ... je mi ľúto, ale ...
*You didn´t pass these
exams - more´s the
pity.*
Je mi ľúto, ale nezložil si
skúšky.

What a pity !   Aká škoda.

PIZZA

... **pizza face** ...

... tvár so škvrnami ...
You need only water and
soap for your pizza face.
Potrebuješ len vodu a mydlo,
aby si sa umyl.

PLACE

... **all over the**
    place ...

... všade / v neporiadku/ ...
There were books all over
the place when we arrived
home.
Keď sme prišli domov, všade
boli porozhadzované
knihy.
... byť mimo /nesústredený/ ...
I couldn't do anything.
I was all over the place
today.
Nemohol som nič urobiť.
Bol som celý deň mimo.

... **a place in**
    the sun ...

... mať svoje miesto pod
slnkom /mať vyhovujúce
podmienky/ ...
He needs his place in the sun
and better conditions at
work.
Potrebuje mať svoje
postavenie a lepšie
podmienky v práci.

P

... **fall into place** ...　　　... vyjasňovať ...
After they had left, things
started to fall into place for me.
Až po ich odchode, sa mi
rozjasnilo.

... **go places** ...　　　... presláviť sa ...
He is young and successful.
He's a man who's going
places.
Je mladý a úspešný. Je muž,
ktorý to niekam dotiahol.

... **in place** ...　　　... na svojom mieste
/správny/ ...
It's in place, so we went
home. Je namieste, že sme
išli domov.

... **in the first**
place ...　　　... po prvé /najskôr/ ...
In the first place,
I must visit my dentist.
Najskôr musím navštíviť
svojho zubára.

... **in the second**
place ...　　　... po druhé /potom/ ...

... **out of place** ...　　　... nie na svojom mieste ...
He wrote nothing out of
place. Nenapísal nič, čo by
nebolo na mieste.

... take place ...   ... konať sa ...
                                  This fair takes place in
                                  Bratislava every year.
                                  Tento veľtrh sa koná
                                  v Bratislave každý rok.

... take second
place ...   ... hrať druhé husle ...

PLAN
... go according
to plan ...   ... ísť podľa plánu ...
                                  Everything went according to
                                  plan, so we could go for
                                  a trip.
                                  Všetko išlo podľa plánu, tak
                                  sme mohli ísť na výlet.

PLATE
... hand something
to someone on
a plate ...   ... strčiť niekomu niečo
                                  pod nos ...
                                  His mother always handed
                                  everything to him on
                                  a plate.
                                  Jeho matka mu vždy všetko
                                  strčila až pod nos.

PLAY
... a play of
words ... . slovná hračka ...
... child's play ...   ... ľahká vec ...

P

	It's child's play to get better marks at chemistry for him. Je to pre neho hračkou dostať lepšiu známku z chémie.
... **fair play** ...	... čistá hra ... *I have a sense of fair play.* Mám zmysel pre fair play.
... **foul play** ...	... špinavá hra ...
... **play cat and mouse** ...	... zahrávať si s niekým ... *Do you often play cat and mouse with him ?* Často si s ním zahrávaš ?

| ... **if you please** ... | ... len si predstavte /prekvapenie/ ... *If you please, I haven't found anything there !* Len si predstav, nič som tam nenašla. |

P

| ... **pleased as Punch** ... | ... šťastný ako malý chlapec ... *I was pleased as Punch to see him again.* Bol som šťastný ako blcha, že ho opäť vidím. |

PLEASURE

... have the pleasure ...	... stretnúť niekoho /niekedy predtým/ ...

I have never had the pleasure of meeting these people.

Nikdy som sa nestretol
s týmito ľuďmi.

... my pleasure ...	... niet za čo /rado sa stalo/ ...

*Thank you for your help.
"My pleasure".*

Ďakujem za vašu pomoc.
Nemáte za čo.

... with pleasure ...	... samozrejme /s potešením/ ...

*Will you accept our
invitation ? "With pleasure"*

Môžeme Vás pozvať ?
S potešením.

P

P. M.

It´seven p.m.   Je sedem hodín večer.

POCKET

... be in each
   other´s pockets ... ... držať spolu ...

*They are best friends, they
must be in each other´s
pockets.*

Sú najlepší priatelia, musia
držať spolu.

... **have someone in
your pocket** ...   ... mať niekoho v hrsti ...

... **in pocket** ...   ... v balíku /mať peniaze/ ...
*We´re happy with our
business, we´ve a lot of
money in pocket.*
Sme spokojní s našimi
obchodmi, máme vo vrecku
veľa peňazí.

... **out of pocket** ...   ... mať prázdne vrecká ...
*Our family doesn´t want to
end up out of pocket.*
Naša rodina nechce skončiť
s prázdnymi vreckami.

POINT

... **beside the
point** ...   ... od veci ...
*Your behaviour is beside the
point.*
Tvoje správanie je nevhodné.

P

... **come to the
point** ...   ... dostať sa k podstate
veci ...
*Could you stop talking
about yourself and come to
the point, please ?*
Mohol by si prestať
rozprávať o sebe a prejsť
k veci ?

... **get the point** ...   ... vidieť zmysel ...
I don't get the point in living here.
Nechápem zmysel tunajšieho života.

... **in point of fact** ...   ... v skutočnosti /naozaj/ ...

... **make your point** ...   ... presvedčiť ...
You have made my point.
Presvedčil si ma.

... **miss the point** ...   ... strácať zmysel /nechápať/ ...
He missed the point.
Nepochopil o čo ide.

... **off the point** ...   ... od veci ...
He has been talking off the point for 2 hours.
Rozpráva od veci už dve hodiny.

... **point of view** ...   ... názor ...
What's his point of view ?
Aké má stanovisko ?

... **stretch a point** ...   ... prižmúriť oko ...
I'm going to stretch a point in this matter.
V tejto veci, prižmúrim jedno oko.

P

POISON

... poison-pen
  letter ...   ... anonym /list/ ...

POLE

... up the pole ...   ... byť v kaši /mať problémy/ ...
*He will be up the pole if he
doesn´t write this letter.*
Bude mať problémy,
ak nenapíše tento list.

POOR

... poor as a church
  mouse ...   ... chudobný ako kostolná myš ...
*They were as poor as
church mice.* Boli chudobní
ako kostolné myši.

POST

... deaf as a post ...   ... hluchý ako poleno ...
*I can´t hear you. I´m as deaf
as a post.* Nepočujem ťa.
Som hluchá ako poleno.

P

POTATO

... a hot potato ...   ..." horúca kaša "...

... small potatoes ...   ... malá ryba /nula/ ...
... bezvýznamný ...
*It was a good idea, but it
was small potatoes.*
Bol to dobrý nápad,
ale bezvýznamný.

POWER

**... do someone
a power of
good ...**   ... dodať silu ...
*You must drink this coffee.
It will do you a power of
good.*
Musíš vypiť túto kávu.
Posilníš sa.

**... more power to
your elbow !**   Zlom väz ! /veľa šťastia/.

PRACTICE

... in practice ...   ... v praxi ...

**... make a practice
of ...**   ... robiť niečo často ...
*I don't make a practice of
making tea.*
Nevarím často čaj.

... sharp practice ...   ... nečestné praktiky
/v obchodovaní/ ...

PREMIUM

... at a premium ...   ... žiadaný /niekto, niečo je
dobré v niečom/ ...
*These cars were at
a premium all over the
world.*
Tieto autá boli vyhľadávané
na celom svete.

P

PRESENT

... for the present ...   ... zatiaľ ...
I will leave him for the present.
Teraz ho opustím /odídem od neho/ .

PRESSURE

... bring pressure
to bear ...   ... tlačiť na niekoho ...
I don´t want to bring pressure to bear on you, but you must bring me my dictionary.
Nechcem na teba tlačiť, ale musíš mi priniesť môj slovník.

PRETTY

... as pretty as
a picture ...   ... pekný ako obrázok ...
She is as pretty as a picture.
Je pekná ako obrázok.

P

PRICE

... at any price ...   ... za každú cenu ...
I'll do it at any price.
Urobím to za každú cenu.

... not at any
price ...   ... za žiadnu ...

PRIDE

... take pride in something ...	... byť hrdý na niečo ...
	I took pride in my spectacles.
	Bola som hrdá na svoje okuliare.

PRINT

... in print ...	... v predaji /o knihe/ ...
... out of print ...	... vypredaný ...
	His book is out of print.
	Jeho kniha je vypredaná.

PROBLEM

... no problem ...	... žiadny problém ...
	Can you find my key ?
	No problem.
	Môžeš nájsť môj kľúč ?
	Žiadny problém.
What´s your problem ?	Čo máš za problém ?

P

PUBLIC

... in public ...	... na verejnosti ...

PUDDING

... in the pudding club ...	... tehotná ...
... black pudding ...	... krvavnička ...

PULL

... **pull a fast one** ... ... prejsť niekomu cez rozum
...

> *He tried to pull a fast one over me.* Pokúsil sa mi prejsť cez rozum.

... **pull the other one** ... ... neveriť /niekomu, niečomu/ ...

> *Pull the other one* ! Neklam!

PUP

... **sell someone a pup** ... ... predať mačku vo vreci ...

> *They have sold us a pup.* Predali nám mačku vo vreci.

PURE

... **pure and simple** ... ... a nič iné ...

PURSE

... **you can´t make a silk purse out of a sow´s ear** ... ... nebude zo psa slanina ...

PUSH

... **give someone the push** ... ... dať niekomu „kopačky" ...

> *It´s not easy to give Peter the push.* Nie je ľahké sa s Petrom rozísť.

P

... a pushover ... ... „malina" /niečo ľahké/ ...
This exam will be a pushover with his knowledge.
Pri jeho vedomostiach bude táto skúška pre neho hračkou.

PUT

... **put a stop to** ... ... prestať ...
It´s time you put a stop to it.
Je načase, aby si s tým prestal.

... **put down** ... ... kritizovať /pred ľuďmi/ ...
Peter often puts me down.
Peter ma často verejne kritizuje.

... **put on** ... ... obliecť si ...
Can I put on my sweater?
Môžem si obliecť svoj sveter?

... **put someone right** ... ... povedať niekomu pravdu ...
Don´t put me right.
Nehovor mi pravdu.

... **put sth in** ... ... napísať ...
Put your name at the top of this page.
Napíš hore svoje meno.

P

Q

QUALITY
... high quality ...   ... veľmi dobré ...
It was very high quality.
Bolo to veľmi dobré.

QUARTER
**... all quarters of
the Earth ...** lit.   ... všade na svete ...

**... at close
quarters ...**   ... vedľa /blízko ...

QUEEN
... queen bee ...   ... žena /najdôležitejšia
osoba/ ...

**... Queen´s
English ...**   ... spisovná angličtina ...

... Queen Mother ...   ... Kráľovská Matka ...

... the queen of ...   ... kráľovná /niečoho/ ...
*Lucy was the queen of this
evening.* Lucia bola kráľovná
tohto večera.

QUESTION
**... beyond
a question ...**   ... nepochybne /bez pochýb/ ...

He became, beyond
a question, London's best
player. Bez pochýb sa stal
najlepší Londýnsky hráč.

... call into
question ...   ... vyvolať pochybnosti ...
                            My decision was called
                            into question.
                            Moje rozhodnutie vyvolalo
                            pochybnosti.

... in question ...   ... neistý ...
                            His decision was in question.
                            Jeho rozhodnutie bolo sporné.

... it's only a
question of
time ...   ... je to len otázka času ...

... open to
question ...   ... otvorená otázka /ešte
                            nedoriešená/ ...
                            This problem is still open to
                            question. Tento problém
                            je stále otvorený.

... pop the
question ...   ... požiadať niekoho o ruku ...
                            I would like to pop the
                            question to Mary.
                            Rád by som Máriu požiadal
                            o ruku.

Q

... **the burning
   question** ...   ... pálčivá otázka ...
                                 *The burning question was
                                 who has been looking after
                                 his children.*
                                 Kto sa stará o jeho deti,
                                 to bola chúlostivá otázka.

QUEUE

... **jump the
   queue** ...   ... predbiehať sa v rade ...

QUICK

... **a quick one** ...   ... na pohárik ...
                                 *There's time for a quick one
                                 before the film starts.*
                                 Predtým ako začne film si
                                 dáme pohárik.

... **as quick as
   a flash** ...   ... rýchly ako blesk ...

QUIET

Be quiet !   Buď ticho !

... **as quiet as
   a mouse** ...   ... tichý ako myška ...
                                 *He used to come home as
                                 quiet as a mouse.*
                                 Je zvyknutý chodiť domov
                                 ticho ako myška.

Q

R

Rs

... **the three Rs** ...

... čítanie, písanie, počítanie ...
Jane is a teacher.
She teaches children the
three Rs.
Jana je učiteľka. Učí deti
čítať, písať, počítať.

RACE

... **a race against**
time ...

... preteky s časom ...
It was a race against
time.
Bol to boj s časom.

... **the rat race** ...   ... honba za kariérou ...

RACK

... **go to rack**
and ruin ...

... výjsť nazmar ...
... zničiť niekoho ...
She's gone to rack and ruin
since she started to take
drugs.
Zničila si život odvtedy,
čo začala brať drogy.

RAG

... **chew the rag** ...   ... poklebetiť si ...

*She always chews the rag
with her mother-in-law.*
Vždy si poklebetí so svojou
svokrou.

... **lose your rag** ...   ... zrazu sa rozhnevať ...
*We lost our rag when he
came late again.*
Rozzúrili sme sa, keď zasa
prišiel neskoro.

RAGE
... **all the rage** ...   ... v móde ...
*What's all the rage in
Brazil now ?*
Čo je teraz v Brazílii
v móde?

RAIN
... **come rain
or shine** ...   ... v čase i nečase /za každej
situácie/ ...
*Every evening, come rain or
shine, I leave my house for
my evening run.*
Každý večer v čase
i nečase, odchádzam z domu
behať.

... **as right as
rain** ...   ... zdravý ako rybička ...
She's as right as rain.
Je zdravá ako rybička.

RANK

...in the front rank ...

... známy /ako osobnosť/ ...
This singer isn't in the front rank.
Tento spevák nie je ešte známy.

... the rank and file ...

... radoví členovia ...
His organization has a large basis among the rank and file.
Jeho organizácia má širokú ekonomickú základňu medzi radovými členmi.

RAP

... give someone a rap over the knuckles ...

... dostať po nose ...
Tom got a rap over the knuckles for his homework.
Tom bol potrestaný za svoju úlohu.

... take the rap ...

... odniesť si vinu /za niekoho/ ...
I don't want her to take the rap for Peter.
Nechcem, aby si to odniesla za Petra.

R

RAT

... **a drowned rat** ...	... mokrý ako myš /premočený/ ...
	I returned home looking like a drowned rat.
	Vrátila som sa domov mokrá ako myš.
... **rat-arsed** ...	... veľmi opitý ...
	My neighbour often comes home rat-arsed.
	Môj sused chodí často domov spitý.

RATE

... **at any rate** ...	... za každú cenu ...
	At any rate, you should book a return ticket.
	V každom prípade, by si si mal rezervovať spiatočný lístok.
... **first rate** ...	... výnimočná vec ...

R

READY

... **be ready** ...	... byť pripravený ...
	I´m ready.
	Som pripravená.
... **ready, steady, go** ...	... pripraviť sa, pozor, štart /na začiatku preteku / ...

REALITY

... in reality ...

... v reálnom svete
/v skutočnosti/ ...
*That film was very nice, but
in reality it is different.*
Ten film bol veľmi pekný,
ale so skutočnosťou nemal
nič spoločné.

REASON

... it stands to
reason ...

... je to jasné /samozrejmé/ ...
*It stands to reason what
caused his problem.*
Je jasné, čím bol spôsobený
tento problém.

... lose someone´s
reason ...

... stratiť rozum ...
*He must be losing his
reason. When I entered his
room he was sitting there
without any clothes.*
Musel sa pomiatnuť.
Keď som vstúpila do izby,
sedel tam nahý.

RECORD

... off the record ...

... nie verejný ...
*I can tell you this. This is off
the record.*
Poviem ti to. Je to súkromné,
nepovedz nikomu.

R

... **on record** ...   ... verejné /niečo
                              oficiálne / ...
                              It's on record that our
                              President visited Great
                              Britain.
                              Je to oficiálne, náš Prezident
                              navštívil Veľkú Britániu.

RED

... **in the red/in the**
    black ...   ... zadĺžiť sa ...
                              I was in the red.
                              Mala som finančné
                              problémy.

REFERENCE

... **for future**
    reference ...   ... v budúcnosti ...
                              Here's my business card for
                              future reference.
                              Tu je moja vizitka
                              do budúcnosti.

R

REGARD

... **send your**
    regards ...   ... pozdravovať niekoho
                              /cez niekoho/ ...
                              Your mother sends her
                              regards.
                              Pozdravuje ťa tvoja mama.

REGION

... **in the region of** ...   ... asi /okolo/ ...

*The temperature here was
in the region of 25° C.*
Teplota bola asi 25 stupňov.

REGULAR

... **regular as
clockwork** ...   ... pravidelne ...
*He goes to that place,
regular as clockwork.*
Chodieva tam pravidelne.

REIN

... **free rein** ...   ... sloboda ...
Give me a free rein.
Daj mi slobodu.

... **hold the reins** ...   ... vládnuť /mať moc/ ...
*The party has been holding
the reins for 10 years.*
Táto strana vládne už 10 rokov.

REPAIR

R

... **beyond repair** ...   ... niečo, čo sa už nedá
opraviť ...

... **in bad repair** ...   ... v zlom stave /ešte
opraviteľné/ ...

... **in good repair** ...   ... v dobrom stave ...

REQUEST

... **on request** ...   ... na požiadanie /niečo
urobiť/ ...

RESPECT

... with respect/with
   all due respect ...   ... so všetkou úctou /keď
                            s niekým nesúhlasíme/ ...
                            With all due respect,
                            we don´t think your decision
                            is right.
                            So všetkou úctou si
                            nemyslíme, že vaše
                            rozhodnutie je
                            správne.

REST

... be at rest ...   ... odpočívať v pokoji
                            /byť po smrti/ ...

... come to rest ...   ... zastaviť ...
                            ... zahľadieť sa ...
                            Our car has came to rest
                            at her house.
                            Naše auto zastavilo pri jej
                            dome.

Give it a rest !   Prestaň ! /rozprávať, alebo
                            niečo robiť/.

... have/take a rest ...   ... oddychovať ...
                            Why doesn´t he take
                            a rest ?
                            He looks very tired.
                            Prečo neoddychuje ?
                            Vyzerá veľmi
                            unavený.

R

... let the matter rest ...	... prestať o niečom diskutovať ...
	It would be better to let the matter rest.
	Bolo by lepšie s tým skončiť.

| ... rest home ... | ... domov dôchodcov ... |

... rest on/upon ...	... závisieť /od niečoho/ ...
	Our firm's success rests on your results.
	Úspech našej firmy závisí na vašich výsledkoch.

| ... rest with ... | ... závisieť /od niekoho/ ... |

RETURN

... in return /for/	.. výmenou /za niečo/ ...
	I sent him some oranges and asked for nothing in return.
	Poslala som mu nejaké pomaranče a nič som za to nechcela.

| ... many happy returns /of the day/ ... | ... blahoželanie k narodeninám /veľa šťastných návratov/ ... |

| ... return ticket/ fare ... | ... spiatočný cestovný lístok /tam aj naspäť/ ... |

R

*Have you already bought
return tickets ?*
Už si kúpil spiatočné
lístky ?

RHYME

**... without rhyme
or reason ...**   ... bez príčiny ...
*His party was excellent.
I don´t know why they left
without rhyme or reason.*
Jeho večierok bol
výnimočný. Nechápem,
prečo odišli len tak.

RICH

... the rich ...   ... bohatí /ľudia/ ...
*The rich don´t live in this
part of the city.*
Boháči nežijú v tejto časti
mesta.

RIGHT

**.../as/ right as
rain ...**   ... zdravý ako rybička ...
*The doctor said that I was as
right as rain.*
Doktor mi povedal, že som
zdravý ako rybička.

... be in the right ...   ... mať pravdu ...
She´s in the right.
Má pravdu.

R

... be in the right place at the right time ...   ... byť v pravý čas na pravom mieste ...

... be right for ...   ... byť vhodný pre /niečo/ ...
I think she's right for this job.
Myslím si, že sa hodí pre túto prácu.

... in the right ...   ... v práve /niečo je morálne alebo legálne/ ...
I'm in the right.
Som v práve.

... Mr Right ...   ... muž s veľkým M ...
She hasn't found Mr Right, yet.
Ešte nenašla toho pravého.

... not right in the head ...   ... blázon ...
You're not right in the head !
Si blázon !

R

... right, left and centre ...   ... všade /okolo nás/ ...

... right you are/ righto ...   ... dobre /súhlasiť s niekým/ ...
Pass me a cup of tea, will you ? Righto.
Podaj mi šálku čaju. Áno.

That´s right.	To je pravda /súhlasiť s niekým/.
... the Right ...	... pravicové politické strany ...
... things are not right ...	... veci nie sú v poriadku /sú určité problémy/ ... *Things haven´t been right between Tom and Mary for a while.* Medzi Tomom a Máriou nebolo všetko v poriadku už dávno.
... too right ...	... súhlasiť s niekým ... *He is busy today. Too right.* Dnes má veľa práce. Máš pravdu.
... women´s rights ...	... práva žien ...

R

RISK

| **... run the risk of ...** | ... riskovať ...
 I don´t want to run the risk of losing my money.
 Nechcem riskovať stratu svojich peňazí. |

ROAD

| **... all roads lead to Rome ...** | ... všetky cesty vedú do Ríma ... |

... hit the road ...	... vydať sa na cestu ... *It´s time to hit the road.* Je čas ísť.
... off the road ...	... pokazené auto ... *We can´t travel with you.* *Our car´s been off the road* *since last year.* Nemôžeme cestovať s vami. Máme od minulého roku pokazené auto.

ROCK

... as solid as a rock ...	... tvrdý ako skala /o človeku aj veci/ ... ... spoľahlivý ... *Peter is as solid as a rock.* Peter je spoľahlivý.
... on the rocks ...	1. ... na mizine ... ... v koncoch ... *After these days, I am on the* *rocks.* Po týchto dňoch som v koncoch. 2. ... s ľadom /alkoholický nápoj/ ... *Whisky on the rocks, please.* Whisku s ľadom, prosím.

R

ROCKER

... off your rocker ...	... blázon ...

*You gave him all your
money. You must be off your
rocker.*
Dal si mu všetky svoje
peniaze. Musíš byť blázon.

ROLL

... **on a roll**...   ... mať šťastné obdobie ...
*He is on a roll since he got
a new job.*
Je šťastný odkedy dostal
prácu.

ROME

**Rome wasn´t built
in a day.**   Všetko sa nedá urobiť
naraz.

**When in Rome, do
as the Romans do.**   Kto chce s vlkmi žiť, musí
s vlkmi vyť.

ROOF

R

... **have a roof over
your head** ...   ... mať strechu nad hlavou
/mať kde bývať/ ...

... **under the same
roof** ...   ... pod jednou strechou /žiť/ ...
*I live under the same roof
with my mother.*
Žijem spolu so svojou
matkou.

ROOM

...**bathroom** ..	... kúpelňa ...
... **bedroom** ...	... spálňa ...
... **dining room** ...	... jedáleň ...
... **double room** ...	... dvojposteľová izba /v hoteli/ ...

... **have room**
/for sth/ ...   ... mať miesto
/pre niečo/ ...
Do you have room for these
dictionaries in your
bookcase ?
Máš v knižnici miesto
pre tieto slovníky ?

...**make room**
/for sth/ ...   ... urobiť miesto
/pre niečo/ ...
I'll make room for your
luggage.
Urobím miesto pre tvoju
batožinu.

R

... **no room to**
swing a cat ...   ... nedá sa tu ani pohnúť
/málo miesta/ ...
There was no room to swing
a cat in my room.
V mojej izbe sa niet kde
pohnúť.

... **one-roomed/**
two-roomed ...   ... jednoizbový/dvojizbový ...

... **room service** ...	... hosťovské služby /v hoteli/ ...
... **room temperature** ...	... teplota v dome ...
... **single room** ...	... jednoposteľová izba /v hoteli/ ...
... **sitting room** ...	... obývačka ...
... **take up room** ...	... zaberať miesto ... *It takes up too much room.* Zaberá to príliš veľa miesta.

ROOST

... **rule the roost** ...	... byť pánom situácie ... *When her husband had left her, she ruled the roost.* Keď od nej manžel odišiel, začala rozkazovať.

ROOT

R

... **get to the root of sth** ...	... vyriešiť problém ... *My parents got to the root of why my brother had been so unhappy.* Moji rodičia prišli na to, prečo môj brat bol taký nešťastný.
... **put down roots** ...	... udomácniť sa ...

My grandparents have never
put down roots in our house.
Starí rodičia si nikdy u nás
nezvykli.

... **take root** ...   ... uchytiť sa ...
                              These plants have taken root.
                              Tieto rastlinky sa ujali.

ROPE

... **know the ropes** ...   ... vyznať sa vo veci ...
                              You need me. I know the
                              ropes.
                              Potrebuješ ma.
                              Viem v tom chodiť.

RUB

... **there lies the**
    rub ...   ... v tom je pes zakopaný
                              /v tom je problém/ ...

RULE

R

... **as a rule** ...   ... zvyčajne ...
                              He doesn't drink beer
                              as a rule.
                              Zvyčajne nepije pivo.

... **golden rule** ...   ... základné pravidlo ...
                              The golden rule when you
                              are reading is to think about
                              what you are reading.
                              Rozmýšľať o tom, čo čítaš je
                              základné pravidlo.

... **do a runner** ...   ... utiecť ...
                             I'm sure, he'll do a runner
                             with our money.
                             Som si istý, že utečie
                             s našimi peniazmi.

... **in the long run** ... ... nakoniec ...

... **in the running** ...   ... mať šance /na víťazstvo/ ...
                             I'm still in the running.
                             Stále mám šance na výhru.

... **out of the**
    running ...   ... nemať šance ...

... **run amock** ...   ... začínať šalieť ...
                             I hope you don't run amock.
                             Dúfam, že neblázniš.

R

S

SACK
... **give someone
the sack** ...

... byť prepustený /z práce/ ...
*He was late again. He's
been given the sack.*
Opäť prišiel neskoro. Bol
prepustený.

SAFE
... **safe and sound** ...

... živý a zdravý ...
*I returned from my journey
safe and sound.*
Z cesty som sa vrátila živá
a zdravá.

SAID
... **easier said than
done** ...

... ľahšie povedať ako
urobiť ...

... **enough said** ...

... všetci to vieme ...

SAILING
... **plain sailing** ...

... ísť ako po masle ...
It is not always plain sailing.
Vždy to nie je jednoduché.

SAKE
... **for Christ's sake** ...   ... pre Kristove rany ...

SALAD

... salad days ...   ... mladý /neskúsený/ ...

SALT

... rub salt into the
   wound ...   ... zvyšovať utrpenie
                                 /ubližovať niekomu/ ...
                                 He rubbed salt into the
                                 wound.
                                 Ubližoval mi.

... take with a pinch
   of salt ...   ... zobrať niečo na ľahkú
                                 váhu ...

SAME

... and the same
   to you !   ... aj tebe !
                                 Happy Christmas ! And the
                                 same to you.
                                 Šťastné Vianoce ! Aj tebe.

... at the same
   time ...   ... v rovnakom /tom istom/
                                 čase ...
                                 We went for our holiday at
                                 the same time.
                                 Išli sme na dovolenku
                                 v rovnakom čase.

... be in the same
   boat ...   ... byť na rovnakej lodi
                                 /v ťažkej situácii/ ...

S

I was in the same boat with my boyfriend.
S priateľom sme boli v ťažkej situácii.

... come to the same thing ...　　　... to isté /vec/ ...
It comes to the same thing - whether I was there or not.
Či som tam bola, či nie, je to to isté.

... much the same ...　　... takmer /skoro/ rovnaký ...
Your behaviour is much the same as it was three years ago.
Tvoje správanie je takmer rovnaké aké bolo pred tromi rokmi.

... same here ...　　... aj ja ...
I´m busy. Same here.
Mám veľa práce. Aj ja.

S

... the same old story ...　　... tá istá stará pesnička /čo sme počuli už veľa krát/ ...
It´s the same old story - he spent his holiday abroad.
Je to tá istá stará pesnička - strávil svoju dovolenku vonku.

... **the same**
person/thing ... ... ten istý človek/vec ...
I never go to the same place
twice.
Nikdy nepôjdem na to isté
miesto dva krát.

SANDS

... **the sands of time**
are running out ... ... nezostáva veľa času pre
niečo /čas sa kráti/ ...
She has been ill for a long
time. The sands of time are
running out.
Už dlho je chorá. Nezostáva
jej veľa času.

SARDINES

... **packed like**
sardines ... ... natlačení ako sardinky ...
We were packed like sardines
in the bus.
V autobuse sme boli
natlačení ako sardinky.

SAUCE

... **what´s good for**
the goose is good
for the gander ... ... čo je dobré pre mňa, je
dobré aj pre teba ...

SAUSAGE

... **not a sausage** ... ... ešte nie ...

Did you do your homework ?
Not a sausage.
Napísal si si úlohu ? Ešte nie.

SAY

... have your say ...   ... dostať slovo
/prísť k slovu / ...
We finally got a chance to
have our say.
Konečne sme sa dostali
k slovu.

I say !   Hej ! /upútanie pozornosti/.

I´m sorry to say.   Je mi ľúto, že to musím
povedať.
I´m sorry to say, but she´s
a bad student.
Je mi ľúto. Je zlá študentka.

... it´s fair to say ...   ... je nutné povedať
/nesmiem zabudnúť
povedať/ ...
It´s fair to say we´ll return
on Monday.
Nesmiem zabudnúť, vrátime
sa v pondelok.

... needless to say ...   ... prirodzené, samozrejmé ...
Needless to say you can
do it.
Je samozrejmé, že to môžeš
urobiť.

S

... **never say die** ...	... nevzdávaj sa, vzchop sa ...
... **say no more** ...	... bez komentára ...
... **say when** ...	... dosť /dávať piť, jesť/ ...
... **what so and-so says goes** ...	... musieť urobiť ...

Our headmaster is always right. I´m only a teacher. What he says goes.
Náš riaditeľ má stále pravdu. Som len učiteľ. Musím robiť, čo chce.

... **you can say that again** ...	... máš úplnú pravdu ...
... **you don´t say !**	... nehovor ?! /prekvapenie/

SCENE

... **be on the scene** ...	... objaviť sa na scéne ...
... **come on the scene** ...	

She came on the scene as a famous singer from London.
Objavila sa ako známa speváčka z Londýna.

S

... **behind the scenes** ...	... v pozadí ...

I like working behind the scenes.
Rád robím v pozadí.

... **make a scene** ...	... vyvolať škandál ... *He made a scene again.* Zasa vyrobil scénu.

SCHOOL

... **after school** ...	... po škole ... *I'll visit you after school.* Navštívim ťa po škole.
... **at school** ...	... v škole ... *All the children are at school.* Všetky deti sú v škole.
... **from school** ...	... zo školy ... *My husband takes Philip from school at 4 p.m.* Manžel bráva Filipa zo školy o 4 .
... **in school** ...	... v škole /ale v budove/ ...
... **of the old school** ...	... zo starej školy /staré myslenie, ale dobré/ ... *My grandfather was of the old school.* Môj starý otec bol zo starej školy.
... **school-boy** ...	... žiačik ...
... **school bus** ...	... školský autobus ...
... **schoolchildren** ...	... školopovinné deti ...
... **schooldays** ...	... školské časy ...

S

... **school-friend** ...	... priateľ zo školy ...
... **school-girl** ...	... žiačka ...
... **schoolmaster** ...	... riaditeľ /na súkromnej škole/ ...
... **schoolmistress** ...	... riaditeľka /na súkromnej škole/ ...
... **schoolroom** ...	... trieda ...

| ... **the school of hard knocks** ... | ... škola života /skúsenosti /... |

My friend came from the school of hard knocks.
Môj priateľ má bohaté životné skúsenosti.

| ... **to school** ... | ... do školy ... |

We go to school every morning.
Chodíme do školy každé ráno.

SCRATCH

| ... **from scratch** ... | ... začať od nuly /od začiatku/ ... |

I had to start from scratch.
Musela som začať od začiatku.

S

SCREW

| ... **have a screw loose** ... | ... mať o koliesko menej ... |

He seems to have a screw loose.
Zdá sa, že nemá všetkých pokope.

... there´s a screw
   loose ...

... niekde je chyba ...
*I can´t undestand it, there´s
a screw loose somewhere.*
Nerozumiem tomu, niekde
nastala chyba.

SEA
... all at sea ...

... nevedieť si rady ...
*I was all at sea as
I could not remember anything.*
Bola som v rozpakoch,
nevedela som si na nič
spomenúť.

SEARCH
... search me ...

... nemám ani páru
/potuchy/ ...
Search me about his plans.
Nemám ani potuchy o jeho
plánoch.

SEASON
... in season ...

... dostatok /niečoho/ ...

... out of season ...

... nedostatok /niečoho/ ...
*Strawberries are out of
season in winter.*
V zime je nedostatok jahôd.

SEAT
... have a seat ...

... sadnúť si ...
Have a seat, Peter.
Sadni si Peter.

S

... **in the hot seat** ...   ... v ťažkej situácii ...
                                *I was in the hot seat last
                                year.*
                                Minulý rok som bola
                                v zložitej situácii.

... **take a back seat** ... ... ostať bokom /menej
                                dôležitý/ ...

... **the electric seat** ...   ... elektrické kreslo ...

... **as far as I can
    see** ...   ... podľa mňa ...
                                *As far as I can see, he should
                                go there.*
                                Podľa mňa, by tam mal ísť.

... **have to see** ...   ... rozmyslieť si ...
                                I'll have to see.
                                Musím si to premyslieť.

I don't see why not.   Áno /prečo nie/.
                                *Can you write it ?
                                I don't see why not.*
                                Napíšeš to ? Prečo nie.

**I'll see what I can
do**   Uvidím, čo sa dá robiť
                                /keď sa niekomu snažíme
                                pomôcť/.

I see.   Viem /chápem/.

... **let me see** ...   ... počkaj /rozpamätať si/ ...
Let me see, I saw her ...
Počkaj, videl som ju ...

... **not see beyond
the end of you
nose** ...   ... nevidieť si na špičku
nosa ...

... **see for yourself** ... ... pozrieť sa ...
*If you don't believe him, see
for yourself.*
Ak mu neveríš, tak sa pozri.

... **see the back
of sb** ...   ... zbaviť sa niekoho ...
*I'll be happy to see the back
her.*
Budem šťastná, keď odíde.

... **see you** ..   .... stretnúť sa ...
See you at this place.
Stretneme sa na tomto mieste.

S

See you !   Dovidenia /ešte sa uvidíme/.
See you in a bit.   Dovidenia skoro.
See you in a while.   Dovidenia skoro.
See you soon.   Dovidenia čoskoro.

... **you'll see** ...   ... uvidíš /že to tak bude/ ...
I'll go there again, you'll see.
Uvidíš, že tam pôjdem
znova.

SENSE

... **a sixth sense** ...   ... šiesty zmysel ...

... **bring sb to his
    senses** ...   ... priviesť niekoho k rozumu ...

SERVE

... **serve sb right** ...   ... dobre mu tak ...
                               *Serves him right for drinking
                               so much.* Dobre mu tak, keď
                               pil tak veľa.

SHAKES

... **in two shakes** ...   ... hneď /než narátaš do päť/...

SHAME

... **put to shame** ...   ... dostať do hanby
                               /zahanbiť/ ...
                               His behaviour puts me to shame.
                               Hanbím sa za jeho správanie.

SHAPE

... **in shape** ...   ... fit /fyzicky/ ...
... **out of shape** ...   ... v zlom stave /nemať
                               kondíciu/ ...

SHAVE

... **a close shave** ...   ... tesný únik /dostať sa
                               z nebezpečenstva/ ...
                               *I'll have a rest for a minute,
                               that was a close shave.*
                               Na chvíľku si musím
                               oddýchnuť, bolo to len o chlp.

SHEEP

... **count sheep** ...   ... rátať ovečky /keď
                             nemôžeme zaspať/ ...

... **the black sheep** ...   ... čierna ovca ...
                             She was the black sheep
                             of the family.
                             Bola čiernou ovcou rodiny.

SHEET

... **white as a sheet** ... ... biely ako stena ...
                             They came out as white as
                             a sheet.
                             Vyšli bledí ako stena.

SHELF

... **be on the shelf** ...   ... zostať starou dievkou ...
                             She is very pretty but she´s
                             still on the shelf.
                             Je veľmi pekná, ale zostala
                             na ocot.

SHINE

... **take a shine to**
someone ...   ... obľúbiť si niekoho
                             /zapáčiť sa / ...
                             We think she took a shine to
                             him.
                             Myslíme si, že sa jej zapáčil.

SHIRT

... **a stuffed shirt** ...   ... horenos ...

Keep your shirt on.   Nerozčuľuj sa.

SHOE

**... be in someone's
shoes ...**   ... byť na niekoho mieste ...
*I wouldn't want to be in
Mary's shoes.*
Nechcela by som byť
v Máriinej koži.

SHOP

... shut up shop ...   ... zavrieť obchod
/zlikvidovať/ ...
*I'm sure they'll have to shut
up shop.*
Som si istý, že budú musieť
zlikvidovať podnik.

... talk shop ...   ... rozprávať sa o úradných
záležitostiach ...
*They have been talking shop
for the whole time.*
Rozprávajú sa o úradných
veciach už celý čas.

SHOT

... big shot ...   ... veľké zviera /dôležitý
človek/ ...

... good shot ...   ... úspešný pokus ...
It was a very good shot.
Bolo to výborné.

... like a shot ...   ... ako blesk ...
We were there like a shot.
Boli sme tam veľmi
rýchlo.

S

SHOULDER

... have broad
shoulders ...

... veľa vydržať ...
He has broad shoulders.
Veľa znesie.

... shoulder to
shoulder ...

... spoločnými silami ...
*They worked shoulder to
shoulder.*
Pracovali bok po boku.

SHOW

... good show ...

... čistá práca /perfektná/ ...

SHUT

Shut it !
Shut up !

Buď ticho ! /zavri hubu/

SIDE

... get on the right
side of sb ...

... nakloniť si niekoho ...

... get on the wrong
side of sb ...

... popudiť si niekoho ...
*Don´t get on the wrong side
of Mrs. Brown.*
She can really be horrible.
Nenahnevaj si pani Brownovú.
Bude naozaj hrozná.

... look on the dark
side ...

... vidieť všetko čierne ...

S

... **look on the sunny
  side** ...   ... vidieť všetko ružovo ...
                                  *My grandmother always
                                  looked on the sunny side of
                                  things.*
                                  Moja stará mama videla
                                  okolo seba všetko cez ružové
                                  okuliare.

... **on the side.**   ... navyše ...
                                  ... tajne /poza chrbát/ ...
                                  *He has been learning
                                  English on the side.*
                                  Navyše sa učil
                                  angličtinu.

SIGHT
... **at first sight** ...   ... na prvý pohľad ...

... **out of sight, out
  of mind** ...   ... zíde z očí, zíde
                                  z mysle ...

SINK
... **sink or swim** ...   ... buď - alebo ...

S

SIT
... **be sitting pretty** ...   ... mať dobré postavenie ...
                                  *He is a very good
                                  businessman. He is sitting
                                  pretty.*
                                  Je dobrý obchodník. Má sa
                                  dobre.

SIX
... at sixes and
    sevens ...   ... hore nohami
                                   /v neporiadku / ...

SKY
... the sky is the
    limit ...   ... neobmedzené možnosti ...

SLEEP
... put to sleep ..   ... utratiť zviera
                                   /veterinár/ ...
                                   *The vet had to put our dog to
                                   sleep.*
                                   Veterinár musel utratiť nášho
                                   psa.

SMOKE
... go up in smoke ...   ... výjsť nazmar ...
                                   *I haven't worked on it four
                                   months just to have it go up
                                   in smoke now.*
                                   Nepracovala som
                                   štyri mesiace preto,
                                   aby to teraz vyšlo
                                   nazmar.

S

SNAKE
... a snake in the
    grass ...   ... hriať si hada
                                   na prsiach ...
... see snakes ...   ... vidieť biele myšky
                                   / v stave opitosti / ...

SOCK

... **pull your socks
up** ...   ... vzchopiť sa ...
He must pull his socks up.
Musí sa pozbierať.

SOMETHING

... **a little
something** ...   ... darček /malý alebo lacný/...
*I've bought him a little
something.*
Kúpila som mu malý
darček.

... **do something** ...   ... robiť niečo /vysporiadať
sa s problémami/ ...
*Don't sit here ! Do
something !*
Neseď tu ! Rob niečo !

... **something else** ...   ... niečo iné /čakať kladnú
odpoveď/ ...
*And what about something
else ?*
A čo tak niečo iné ?

S

... **something for
nothing** ...   ... niečo za nič /získať/ ...
*He can't have something for
nothing.*
Nemôže mať niečo len tak.

... **something to
drink** ...   ... niečo na pitie ...

... something to
   eat ...   ... niečo na jedenie ...
*Would you like something to
eat?* Dáš si niečo na zjedenie?

SONG

... **for a song** ...   ... za bagateľ /kúpiť, predať
niečo/ ...
*She bought this house for
a song.*
Kúpila tento dom za babku.

SOON

... **as soon as** ...   ... len čo ...
As soon as we arrived home ...
Len čo sme pricestovali
domov ...

... **just as soon** ...   ... radšej ...
I would just as soon do it.
Radšej by som to urobil.

... **sooner or later** ... ... skôr či neskôr ...

... **the sooner the**
   better ...   ... čím skôr, tým lepšie ...

S

SORT

... **a good sort** ...   ... dobrý človek /príjemný/ ...
... **out of sorts** ...   ... cítiť sa zle ...
*He seems a bit out of sorts
today.*
Zdá sa, že sa dnes cíti horšie.

SOUP

... in the soup ...	... v brynde ...
	He is in the soup again.
	Zasa má problémy.

SPEAK

... speak for itself ...	... hovoriť sám za seba /niečo
	má význam/ ...
	His success speaks for itself.
	Jeho úspech hovorí sám za seba.
Speak up.	Hovor hlasnejšie !
... the Speaker ..	... hovorca / v Parlamente/ ...

SPICK

... spick and span ...	... čistučký ako zo škatuľky ...
	Everything was spick and
	span there.
	Všetko tam bolo čistučké
	ako zo škatuľky.

SPIN

... a flat spin ...	... panika ...

S

SPOON

... born with a silver spoon in your mouth ...	... narodiť sa bohatým rodičom ...
	He was not born with
	a silver spoon in his mouth.
	Nenarodil sa bohatým rodičom.

SPOT

... **in a spot** ...	... v ťažkej situácii ...
... **on the spot** ...	... na mieste /ihneď/ ...

STAKE

... **at stake** ...   ... v hre ...
His honour is at stake.
V hre je jeho česť.

STAND

... **take a stand** ...   ... zaujať postoj ...
*We'll have to take a stand on
all questions.*
Budeme musieť zaujať
postoj ku všetkým otázkam.

STAR

... **be born under
    a lucky star** ...   ... narodiť sa na šťastnej
planéte ...
*I was born under a lucky
star.* Narodila som sa na
šťastnej planéte.

... **see stars** ...   ... vidieť hviezdičky
/od bolesti/ ...

STATE

... **in a state** ...   ... nervózny ...
*He wasn't in a state
at all.*
Vôbec nebol nervózny.

... **in state** ...   ... v plnej paráde ...

S

STEAM

... get up steam ...   ... naberať silu /energiu/ ...
*It´s very difficult for me to get
up steam to finish this work.*
Je to veľmi ťažké pre mňa
nabrať silu a dokončiť túto
prácu.

... under your own
steam ...   ... svojimi silami /vlastným
úsilím/ ...
*They can´t do it under their
own steam.*
Nemôžu to sami zvládnuť.

STEP

... step by step ...   ... krok za krokom ...
We have to do it step by step.
Musíme to urobiť postupne.

... take the first
step ...   ... urobiť prvý krok /začať/ ...
I took the first step yesterday.
Včera som urobila prvý krok.

S

STOCK

... stocks and
stones ...   ... neživé veci ...

STONE

... as cold as a
stone ...   ... studený ako psí čumák
/o človeku/ ...

... as hard as
a stone ... ... tvrdý ako skala / o ľuďoch
aj veciach / ...

... pull out all
the stops ... ... pozbierať všetky sily ...
*Tom tried to pull out all the
stops for his problems.*
Tom pozbieral všetky sily,
aby vyriešil problémy.

... put a stop to ... ... ukončiť niečo ...
Put a stop to this problem.
Ukonči tento problém.

STORE

... in store ... ... v zálohe /niečo
pripravené/ ...

STORM

... a storm in
a teacup ... ... spor kvôli hlúpostiam ...

... weather
the storm ... ... prekonať prekážky ...
We weathered the storms.
Prežili sme to.

STORY

... a likely story ... ... neuveriteľné ...
... a tall story ... ... neskutočný /neuveriteľný
príbeh/ ...

STRAIGHT
... on the straight
and narrow ...

... na správnej ceste /správne/...
*He ought to return to the
straight and narrow.* Mal by
sa vrátiť na správnu cestu.

STRAW
... the last straw ...   ... posledná kvapka ...

STREET
... easy street ...   ... ľahký život /pohodlný,
                              mať dostatok peňazí/ ...
                              He was on easy street.
                              Mal ľahký život.

... on the streets ...   ... byť bez domova ...
                              She is still out on the streets.
                              Stále nemá kde bývať.

SUMMER
... Indian summer ... ... babie leto ...

SURE
... sure thing ...   ... samozrejme ...
                              Can you phone me? Sure thing.
                              Zavoláš mi ? Samozrejme.

SURPRISE
... take sb by
surprise ...

... prekvapiť niekoho ...
It took me by surprise.
Prekvapilo ma to.

S

SWEAT
... no sweat ...   ... bez problémov ...

SWIM
... be in the swim ...   ... byť všade /mať kontakt/ ...

**... be out of the
   swim ...**   ... stáť bokom /nemať
                              kontakt/ ...
                              *These people are out of the
                              swim. They live in a small
                              village.*
                              Títo ľudia nemajú kontakt so
                              svetom. Žijú na malej
                              dedinke.

SYSTEM
All systems go !   Poďme ! Môžeme začať ?

S

Table 258

T

TABLE

... **set a good table** ... ... navariť dobré jedlo ...
She set a good table to show them a traditional English meal.
Urobila dobré jedlo, aby im ukázala tradičnú anglickú kuchyňu.

... **under the table** ... ... tajne, súkromne ...
The business deal was all under the table.
Celý kšeft bol tajný.

TAIL

... **have your tail between your legs** ... ... byť /cítiť sa/ zahanbený ...
His face gave it away, he had his tail between his legs.
Jeho tvár prezrádzala, aký bol zahanbený.

TALK

... **all talk** ... ... vierolomný ...
He's all talk. He never keeps his promise.
Je vierolomný. Nikdy nedodrží svoj sľub.

TAP

... on tap ...

... poruke ...
I have all my things on tap,
I can use them as soon as
I need to.
Mám všetky veci poruke,
môžem ich použiť hneď ako
to bude potrebné.

TASK

... take someone to
task ...

... brať na zodpovednosť
/za niečo/, žiadať
vysvetlenie ...
They'll take you to task if
you don't finish it this week.
Budú ťa brať na
zodpovednosť, ak to tento
týždeň nedokončíš.

TEARS

... bored to
tears/death ...

... unudený na smrť ...
I was simply bored to tears.
Skoro som sa unudil na smrť.

TEETH

... armed to the
teeth ...

... ozbrojený po zuby ...
The troop kept the position,
all armed to the teeth.
Jednotka držala pozíciu,
všetci ozbrojení po zuby.

T

... get your teeth
into ...

... pustiť sa do ...
*I decided to get my teeth
into it.*
Rozhodol som sa pustiť sa
do toho.

TELL

Tell you what.

Pozri sa /preberme si to/.
/používa sa pred nejakým
návrhom, ponukou,
rokovaním/.

TEMPER

... in a temper ...

... nahnevaný ...
*John looked to be in
a temper, but then he smiled
at her.*
Ján sa zdal byť nahnevaný,
ale potom sa na ňu usmial.

... lose your
temper ...

... stratiť nervy ...
*I was about to lose my
temper over his behaviour.*
Takmer som stratil nervy
z jeho správania.

T

TEN

... ten to one ...

... isto ...
*Ten to one he will come
back.*
Určite sa vráti.

TERMS

**... come to terms
with something ...** ... zvyknúť si na niečo,
zmieriť sa s tým ...
*At last she came to terms
with her solitude.*
Nakoniec sa zmierila so
svojou samotou.

... on bad terms ... ... pohnevaní, vyhýbajúci sa
jeden druhému ...
*They didn´t work together
because they were on bad
terms.*
Nepracovali spolu, lebo boli
pohnevaní.

THAT

That´s that ! A bodka ! /nemienim o tom
diskutovať/

THERE

There you are. Tu máš. Nech sa páči.

... there and then ... ... hneď a zaraz ...
*I told him there and then
what I meant.*
Hneď a zaraz som mu
povedal, čo som si myslel.

T

THICK

**... in the thick
of something ...** ... byť niečím zamestnaný ...

*Don´t disturb me now,
I´m just in the thick of
things.*
Teraz ma nevyrušuj, práve
som zamestnaný prácou.

... **thick and fast** ... ... rýchlo a vo veľkých
množstvách ...
*Letters came daily thick and
fast.*
Denne prichádzali hŕby
listov.

THING

... **do your own
thing** ... ... rob si po svojom ...
*I will try to help you, but do
your own thing.*
Pokúšam sa ti pomôcť, ale
rob si po svojom.

... **for one thing** ... ... napríklad ...
*There are a lot of problems
there : for one thing we´ve
no space to practise our
activities.*
Je tam veľa problémov :
napríklad nemáme priestor
pre naše činnosti.

**It has just been one
thing after another.** Všetko beží strašne rýchlo
/jedno za druhým/.

T

... **not know the first thing about** ...	... nemať ani potuchy o ... *No, I don't know the first thing about cars.* Nie, nemám ani najmenšiu potuchu o autách.
... **no such thing** ...	... úplne inak ... *He promised we'd have new equipment, but no such thing.* Sľúbil, že budeme mať nové zariadenie, ale kdeže ! /nedodržal sľub/.
... **the thing is** ...	... vec je v tom ... *I can't do it on time.* *The thing is, I have been ill.* Nemôžem to stihnúť na čas. Vec je v tom, že som bol chorý.
... **the thing with** ...	... problém s /niekým/ ... *The thing with him, is that he's not trustworthy.* Myslím, že je tu problém, hovorí sa, že nie je spoľahlivý.

T

THINGS

First things first.	Over si to /než začneš/.
How are things ?	Ako si na tom ? /s niečím/

... of all things ...	... vyjadrenie prekvapenia ...
	You´re still working for him, of all things ?
	Ešte stále robíš pre neho ? /prekvapenie/

... see things ...	... zle vidieť, predstavovať si nereálne veci ...
	Is that his shirt, or I am seeing things ?
	Je to jeho košeľa, alebo zle vidím ?

THINK

... as you think best ...	... ako si myslíš, že je to najlepšie ...
	Do it as you think best.
	Rob, ako si myslíš, že je to najlepšie.

Just think !	Len si predstav !

Think nothing of it !	To nevadí !
	Za málo. Niet za čo. /odpoveď na poďakovanie/.

... think the world ...	... veľmi milovať niekoho ...
	Rob thought the world of Jenny. Rob bol šialene zaľúbený do Jenny.

T

... think twice ...	... poriadne si to rozmyslieť ... *Think twice before you join him.* Poriadne si to rozmysli, kým sa pridáš k nemu.
... to think ...	... na počudovanie /pri zmene situácie, vzťahov s niekým/ ... *He struck him - and, to think, they had been the best friends before.* Napadol ho - a pritom to boli dovtedy najlepší priatelia.

THREAD

... lose the thread ...	... stratiť niť ... *I lost the thread of his explanation.* Prestal som rozumieť jeho vysvetľovaniu.

THROAT

... jump down someone´s throat ...	... skočiť do reči ... *I was about to explain it when he jumped down my throat.* Práve som mu to vysvetľoval, keď mi skočil do reči.

T

THROES

... in the throes of
   something ...

... v zajatí niečoho ...
The entire country was in the
throes of a civil war.
Celá krajina sa zmietala
v občianskej vojne.

THUNDER

... look like
   thunder ...

... byť veľmi nahnevaný ...
I was afraid of him, he
looked like thunder.
Zľakol som sa ho, vyzeral
veľmi nahnevaný.

TICK

... in a tick ...

... za chvíľu ...
I'll be back in a tick.
Som späť za chvíľu.

TIDE

... go against the
   tide ...

... ísť proti prúdu ...
You can't swim against
the tide, they won't accept
you.
Nemôžeš ísť proti
prúdu, nebudú ťa
akceptovať.

T

TIME

... about time ...

... načase /urobiť niečo/ ...

*I think it´s about time to go
and see him.*
Myslím, že je už načase ho
ísť navštíviť.

... all the time ...　　　... často, stále ...
*He tried achieving it all the
time.*
Pokúšal sa to dosiahnuť
po celý čas.

... any time now ...　　　... každú chvíľu ...
*Keep a watchful eye, it
should happen any time now.*
Dávaj pozor, malo by sa to
stať každú chvíľu.

... one at a time ...　　　... osobitne, po jednom ...
Don´t rush, one at a time.
Neponáhľajte sa, jeden
za druhým.

... big time ...　　　... vrchol ...
*This group is considered to
have reached the big time.*
O tejto skupine prevláda
mienka, že je na vrchole
/svojej popularity/.

... do /serve/ time ...　　　... byť vo väzení ...
*He has done time for his
crimes.* Za svoje zločiny
sedí vo väzení.

T

| **... from time to time ...** | ... z času na čas ...
From time to time she goes to the cinema.
Z času na čas chodieva do kina. |

Have a good time ! Bav sa dobre !

| **... in no time at all ...** | ... narýchlo ...
Look at it ! I think it was done in no time at all.
Pozri sa na to !
Myslím si, že je to urobené narýchlo. |

... keep good time ... ... byť presný ...
You can rely upon him. He has always kept good time.
Môžeš sa na neho spoľahnúť. Vždy býva presný.

Long time no see. Dlho sme sa nevideli.

| **... next to no time at all ...** | ... veľmi rýchlo, raz-dva ...
We condensed the article in next to no time at all.
Skrátili sme text raz-dva. |

... **not before time** ...	... neskoro ...
	Not before time, I thought it was going to be finished yesterday.
	Očakával som, že to bude spravené včera /bolo to až dnes/.
... **on time** ...	... načas ...
	I hope it will be prepared on time.
	Dúfam, že to bude pripravené načas.
Once upon a time.	Kedysi dávno /v rozprávke/.
... **pass the time** ...	... tráviť čas niečím iným ...
	Waiting for your message, I passed the time reading a book.
	Počas čakania na tvoj odkaz som trávil čas čítaním knihy.
... **take time** ...	... ísť, konať sa pomaly ...
	It takes time to repair my car.
	Oprava môjho auta je zdĺhavá.
Time´s up.	Čas uplynul.
There´s still time.	Je dosť času.

T

... with time to
spare ...

... v predstihu ...
*He finished his work with
time to spare.*
Dokončil svoju prácu
dokonca v predstihu.

TINKLE

... give someone
a tinkle ...

... zatelefonovať ...
*I'll give you a tinkle this
evening or tomorrow.*
Zavolám ti dnes večer alebo
zajtra.

TOLL

... take its toll ...

... zlé následky ...
*Many years of working
in the coal mine began to
take its toll.*
Veľa rokov v bani začalo
mať zlé následky.

TOM

... every Tom,
Dick and
Harry ...

... všetci ...

...Tom Thumb ...

... Janko Hraško ...

T

TOMORROW

... as if there's no
tomorrow ...

... nemyslieť
na dôsledky ...

*Peter´s spending money like
there´s no tomorrow.*
Peter minul peniaze,
nemysliac na to, čo bude
zajtra.

TONGUE

... **bite your
tongue** ...

... kusnúť si do jazyka
/prestať hovoriť/ ...
*He wanted to tell me about
it, but he bit his tongue.*
Chel mi o tom povedať,
ale kusol si do jazyka
/nepovedal/.

... **find your
tongue** ...

... rozhovoriť sa ...
I found my tongue.
Rozviazal sa mi jazyk.

... **have a sharp
tongue** ...

... mať ostrý jazyk ...
He had a sharp tongue.
Mal ostrý jazyk.

... **hold your
tongue** ...

... držať jazyk za zubami
/nič nepovedať/ ....
*You are not right, so hold
your tongue!*
Nemáš pravdu, tak buď
ticho.

T

... **cat get sb´s
tongue** ...

... stratiť reč /neodpovedať/...
What´s the matter with him?
Has the cat got his tongue ?
Čo sa s ním stalo?
Stratil jazyk?

... **down tools** ...

... prestať pracovať ...
We want to down tools.
We´re tired.
Chceme prestať pracovať.
Sme unavení.

... **fight tooth and
nail** ...

... bojovať zo všetkých síl ...
*We fought with them tooth
and nail.*
Bojovali sme s nimi
zo všetkých síl.

... **long in the
tooth** ...

... starý /človek alebo
zviera/ ...
*Their parents are very long
in the tooth.*
Ich rodičia sú veľmi starí.

... **at the top of
your voice** ...

... povedať tak hlasno,
ako sa dá ...

T

*I was shouting at the top of
my voice. They couldn't hear
me.*
Zakričala som tak hlasno,
len ako som mohla.
Nepočuli ma.

... **blow your top** ...   ... rozzúriť sa ...
*If she doesn't get this job,
she'll blow her top.*
Ak nedostane túto prácu,
porazí ju.

... **come out on
top** ...   ... vyhrať /mať úspech/ ...
*I came out on top in
the end.*
Nakoniec som vyhrala.

... **on top of the
world** ...   ... v siedmom nebi /cítiť sa
šťastný/ ...
*Yesterday we were on top of
the world.*
Včera sme boli v siedmom
nebi.

... **from top to
bottom** ...   ... zhora nadol ...
... **from top to toe** ...   ... po celom tele /od hlavy
po päty/ ...
... **sleep like a top** ... ... spať ako zarezaný ...
He slept like a top.
Spal ako poleno.

TOSS

... lose the toss ...	... prehrať žreb ...
... **win the toss** ...	... vyhrať žreb ...

TOUCH

... **get in touch** ...   ... nadviazať kontakt
/s niekým/ ...
*We ought to get in touch
with him.*
Mali by sme s ním nadviazať
kontakt.

... **in touch** ...   ... mať kontakt /s niekým/ ...
*I don´t know what he is
doing now. We don´t keep
in touch.*
Neviem čo robí.
Nestretávame sa.

... **lose touch** ...	... strácať kontakt /s niekým/ ...
... **out of touch** ...	... nemať kontakt /s niekým/ ...

TOUR

... **a sightseeing
tour** ...   ... prehliadka pamätihodností ...
... **package tour** ...   ... organizovaný zájazd ...

TOWER

... **a tower of
strength** ...   ... spoľahlivý človek ...
*Mike was always a tower of
strength.*
Mike bol vždy spoľahlivý.

T

TOWN

... go to town ...	... rozhadzovať peniaze ...
	Don´t go to town.
	Nehýr!

... paint the town red ...	... vyhodiť si z kopýtka ...
	She often paints the town red.
	Často flámuje.

TRACK

... lose track of ...	... stratiť niť /kontakt s niekým, niečím/ ...
	We have lost track of her.
	Stratili sme s ňou kontakt.

... keep track ...	... byť v kontakte / s niekým, niečím/ ...

... on the right track ..	... na správnej ceste ...
	He doesn´t need our help.
	He´s already on the right track.
	Nepotrebuje našu pomoc.
	Už je na správnej ceste.

T

TRAIL

... hot on the trail ...	... sledovať niekoho ...
	Police are hot on the trail of him.
	Polícia mu je v pätách.

TRAIN
... be in training ...   ... byť v plnom prúde ...

TRAP
... shut your trap! ...   ... drž hubu! ...

TREE
... bark up the
    wrong tree ...   ... byť na omyle ...
Peter has been barking up
the wrong tree for several
days.
Peter je na omyle už
niekoľko dní.

... the family tree ...   ... rodokmeň ...
Describe your family tree.
Popíš svoj rodokmeň.

TRIANGLE
...eternal triangle ...   ... manželský trojuholník ...
... love triangle ...   ... ľúbostný trojuholník ...

TRICK
... do the trick ...   ... splniť účel ...
It ought to do the trick.
Malo by to splniť účel.

How´s tricks ?   Ako sa ti darí ?

TROOPER
... smoke like
    a trooper ...   ... fajčiť ako komín ...

T

*Are you still smoking like
a trooper ?*
Ešte stále tak veľa fajčíš?

TROUBLE
**... asking for
trouble ...** ... koledovať si o problémy ...
*If you come late, you are
asking for trouble*
Ak prídeš neskoro, prosíš si
o výprask.

TROUSERS
**... wear the
trousers ...** ... nosiť nohavice /vládnuť
nad mužom/ ...
*She has been wearing the
trousers for a long time.*
Už dlho drží muža
pod papučou.

TRULY
... yours truly ... ... s pozdravom /zakončenie
obchodného listu - píšeme
pred menom/ ...

TRUTH
**... in truth/...in all
truth ...** ... po pravde /naozaj/ ...
*In all truth, I don´t know
what to do.*
Naozaj neviem, čo mám
robiť.

T

TUNE

... **call the tune** ...	... rozkazovať /mať hlavné slovo/ ...
	You can call the tune at home.
	Môžeš rozkazovať doma.

... **in tune** ...	... v súlade ...
... **out of tune** ...	... nie v súlade ...

TURKEY

... **cold turkey** ...	... náhle prerušenie podávania drog ...
	He went cold turkey.
	Zrazu prestal brať drogy.

TURN

... **done to a turn** ...	... uvarené jedlo /tak, ako má byť/ ...
	This beef is done to a turn.
	Toto mäsko / =hovädzie/ je uvarené tak, ako má byť.

T

... **in turn** ...	... jeden za druhým / po poriadku/ ...
... **take turns** ...	... striedať sa /v práci/ ...
	We have been taking turns all day.
	Striedame sa celý deň.

TWO

... **in two by twos** ...   ... raz -dva ...
... **put two and two**
    together ...   ... urobiť si správny záver
/o niečom/ ...

U

UGLY
... as ugly as sin ..   ... veľmi škaredý ...
He was as ugly as sin.
Bol veľmi škaredý.

UMBRAGE
... take umbrage ...   ... uraziť sa ...
They often take umbrage.
Často sa urážajú.

UP
**... on the up and
  up ...**   ... zlepšovať sa ...
*His behaviour is on the up
and up.*
Jeho správanie sa zlepšuje.

... up to ...   ... mať za ľubom ...
What are you up to ?
Čo zamýšľaš ?

... up and down ...   ... sem a tam ...
*I am still walking up and
down the room.*
Chodím sem a tam po izbe.

... up and go ...   ... odísť ...
He upped and went.
Odišiel.

... **up to you** ...   ... rozhodnúť sa ...
                                         It is up to you. Je to na tebe.

UPS

... **ups and downs** ...   ... radosť a žiaľ /úspechy
                                         a neúspechy/ ...

UPTAKE

... **quick on the**
      uptake ...   ... rýchlo pochopiť ...
                                         You are very quick on the
                                         uptake.
                                         Rýchlo chápeš.

... **slow on the**
      uptake ...   ... pomaly chápať ...

USE

... **out of use** ...   ... prestať používať ...
                                         This computer is out of use.
                                         Tento počítač sa nedá
                                         používať.

... **put to good use** ...   ... užitočne niečo použiť ...

USUAL

... **as usual** ...   ... ako zvyčajne ...
... **as per usual** ...   *He was very tired as per*
                                         usual.
                                         Bol veľmi unavený ako
                                         zvyčajne.

U

V

VALUE

... place a high
value on
something ...   ... dôležité /užitočné/ ...
                                 He placed a high value on
                                 talking with her.
                                 Mal s ňou dôležitý
                                 rozhovor.

VEG

... veg out ...   ... relaxovať ...
                                 We sat and vegged out all
                                 day.
                                 Celý deň sme sedeli
                                 a oddychovali.

VENGEANCE

... with
a vengeance ...   ... dôkladne / s pomstou/...

VICTORY

... Pyrrhic victory ...   ... Pyrrhove víťazstvo
                                 /nie najľahšie dosiahnuté/ ...

V

VIEW

... in my view ...   ... podľa môjho názoru ...
                                 In my view, it was done well.
                                 Podľa mňa to bolo dobre
                                 urobené.

... **on view** ...   ... na verejnosti ...
... **in view** ...   ... viditeľne ...

VIRTUE
... **by virtue of** ...   ... podľa /niečoho/ ...

... **make a virtue
of necessity** ...   ... robiť z núdze cnosť ...
*He made a virtue of
necessity.*
Urobil z núdze cnosť.

VOICE
... **give voice to** ...   ... otvorene povedať ...

... **in good voice** ...   ... v dobrej hlasovej
kondícii ...
*Our singer was in good
voice.*
Naša speváčka mala dobrý
hlas.

... **raise your
voice** ...   ... zvýšiť hlas ...
*Don't raise your voice
at me.*
Nezvyšuj na mňa hlas.

VOTE
... **put to the vote** ...   ... idem hlasovať ...
*It was put to the vote
yesterday.*
Včera to bolo odhlasované.

V

W

WAIT

... wait and see ... ... vyčkať /nehovoriť
o niečom/ ...
Who phoned you?
Wait and see.
Kto ti zavolal?
Počkaj, uvidíš.

WALK

... walk of life ... ... postavenie
/spoločenské/ ...

WALL

... go to the wall ... ... skrachovať ...
Your company will go to the
wall, I'm afraid.
Obávam sa, že tvoja
spoločnosť skrachuje.

... walls have
ears ... ... steny majú uši ...
Be quiet! Walls have ears.
Buď ticho!
Aj steny majú uši.

WANE

W

... on the wane ... ... klesať /upadať/ ...
His popularity is on the wane.
Jeho popularita klesá.

WAR
... **cold war** ...   ... studená vojna ...

WARPATH
... **on the warpath** ...   ... na vojnovej nohe ...

WASH
... **come out in
   the wash** ...   ... urovnať/vyriešiť
                               problémy ...
                               *Her problems with Tom must
                               come out in the wash.*
                               Jej problémy s Tomom sa
                               musia vyriešiť.

WASTE
... **waste not** ...   ... opatrovať si niečo
                               na neskôr ...

WATCH
... **watch it!** ...   ... buď opatrný!
                               /upozornenie/ ...

WATER
... **in deep water** ...   ... v problémoch
                               /nebezpečenstve/ ...
                               *We found ourselves in deep
                               water.*
                               Zistili sme, že sme v ťažkej
                               situácii.
... **in hot water** ...   ... v problémoch ...

... **in low water** ...   ... vo finančnej tiesni ...

W

	He was in low water again. Mal zasa problémy s peniazmi.
... **weak as water** ...	... slabý ako mucha ...

... **by the way** ...	... mimochodom ... *By the way, where is my* *book?* Mimochodom, kde je moja kniha?
... **in a fair way** ..	... byť na dobrej ceste ... *Our friends were already* *in a fair way.* Naši priatelia už boli na tom dobre.
... **in a bad way** ...	... byť na tom zle ...
... **in the family** **way** ...	... tehotná ... *Are you in the family way,* *again?* Zasa si tehotná?
... **get in the way** ...	... prekážať ... *I hope, I don't get in the* *way.* Dúfam, že neprekážam.
... **give way** ...	... uvoľniť cestu ... *Finally they gave way to us.* Konečne nám uvoľnili cestu.

... in a way ...	... do istej miery ...
	In a way you are right.
	Do istej miery máš pravdu.

| ... out of the way ... | ... neprekážaj / uhni ! ... |

... pave the way ...	... pripraviť niekomu cestu ...
	I can´t pave the way for
	them. I lost my position.
	Nemôžem im pripraviť pôdu.
	Stratil som postavenie.

WEAR
... **wear and tear** ...   ... ťažkosti ...

WEATHER
... **make heavy
  weather** ...   ... zveličovať ...
                             Why did you make heavy
                             weather of your situation?
                             Prečo si prehnal svoju
                             situáciu?

WEDDING
... **diamond
  wedding** ...   ... diamantová svatba ...
... **golden wedding** ...   ... zlatá svatba ...
... **silver wedding** ...   ... strieborná svatba ...

WEIGHT
... **carry weight** ...   ... závažný / silný ...
                             His words carried weight.
                             Jeho slová mali veľkú váhu.

W

WELL
... as well ...   ... tak isto ...
... as well as ...   ... práve tak ako ...
... well done!   ... super!

WHAT
What´s up?   Čo sa deje?

WHEEL
... behind the
wheel ...   ... šofér ...
... big wheel ...   ... veľká ryba / o človeku/ ...
                                   He became a big wheel.
                                   Stal sa veľké zviera.

WHISTLE
... wet your
whistle ...   ... vypiť si ...
                                   Don´t wet your whistle!
                                   We haven´t got time.
                                   Nedávaj si nič.
                                   Nemáme čas.

WHOLE
... on the whole ...   ... vcelku ...

WICK
... get on someone´s
wick ...   ... ísť na nervy / niekomu/ ...
                                   She has been getting on my
                                   wick for a long time.
                                   Už dlho mi lezie
                                   na nervy.

W

WIDOW

... **grass widow** ...   ... slamená vdova ...
... **grass widower** ...   ... slamený vdovec ...

WILL

... **with a will** ...   ... s chuťou ...
*I began to work with
a will.*
Začala som s chuťou
pracovať.

WIND

... **get wind of** ...   ... dopočuť sa ...
*Did you get wind of their
journey?*
Dozvedeli ste sa o ich
ceste?

... **second wind** ...   ... druhý dych ...
I must get a second wind.
Musím chytiť druhý dych.

WINDOW

... **go out the
window** ...   ... zabudnutý ...
*As soon as he left his work,
everything he had learnt
went out the window.*
Len čo odišiel z práce,
na všetko zabudol.

W

WINE

... **wine and dine** ...   ... hostiť /veľa jedla/ ...

After their mother´s death,
they started to wine and dine
in her house.
Po smrti svojej matky, začali
v jej dome hodovať.

WING

... **take wings** ... ... dostať krídla ...
When she was 18, she took
wings and fled.
Keď mala 18, zmizla.

WISH

... **make a wish** ... ... želať si /snívať/ ...
She often makes the same
wish - that she´ll be happy.
Často sníva o tom,
že bude šťastná.

WOLF

... **hungry as**
a wolf ... ... hladný ako vlk ...
I´m hungry as a wolf.
I haven´t eaten anything
since this morning.
Som hladný ako vlk.
Od rána som nič nejedol.

WOOD

... **out of the**
woods ... ... mimo nebezpečenstva ...
... **touch wood** ... ... zaklopať /na drevo/
pre šťastie ...

WORD

... **big words** ...	... veľké slová ...
... **by word of mouth** ...	... ústne ...
... **the last word** ...	... posledné slovo ... *Do you always have the last word?* Musíš mať vždy posledné slovo?
... **have words /with sb/** ...	... pohádať sa s niekým ... *They had words with him yesterday.* Včera sa s ním pohádali.
... **send sb word** ...	... oznámiť niekomu ... *Send word to her !* Oznám jej to!
... **take sb at his word** ...	... vziať niekoho za slovo ... *Don't take me at my word.* Neber ma za slovo.

WORLD

... **all over the world** ...	... na celom svete ... *He is famous all over the world.*
... **all the world and his wife** ...	... významní ľudia ...

W

... **bring into the world** ...

... priviesť na svet ...
She brought another child into the world.
Priviedla na svet ďalšie dieťa.

... **in the world** ...   ... na svete ...
... **not for the world** ...   ... ani za svet ...

... **be in the wrong** ...

... mýliť sa ...
Peter is often in the wrong.
Peter často nemá pravdu.

Y

YARN

... spin a yarn ... ... tárať ...
Don't spin a yarn.
Nerozprávaj hlúposti!

YEAR

... year in year
out ... ... z roka na rok ...
They spend their holidays in France, year in year out.
Rok čo rok prežívajú svoju dovolenku vo Francúzsku.

... New Year's
resolution ... ... Novoročné predsavzatie ...

Z

ZIP

... **zip it** ...	Zip it !
... **zip up** ...	... Buď ticho!

ABECEDNÝ REGISTER

Bad
Ball
Bananas
Bars
Bath
Bear
Because
Become
Bed
Before
Beg
Begin
Behave
Believe
Bell
Best
Better
Beware
Big
Bigger
Bike
Bill
Bird
Birth
Birthday
Bit
Black
Blame
Blood
Blue
Board
Boat
Bob

Body
Book
Bored
Born
Both
Bottom
Boy
Box
Brain
Bread
Break
Breakfast
Breath
Bring
Bull
Bus
Business
Busy
Butterflies
Button
By
Bye

C

Cable
Cackle
Cain
Cake
Call
Calm
Cards
Care

Careful
Case
Cash
Cat
Catch
Certain
Chance
Change
Character
Chase
Cheek
Cheer
Cheese
Chicken
Child
Chips
Christ
Christmas
City
Clear
Clock
Close
Cock
Cold
Colour
Come
Comment
Congratulation
Cooking
Copy
Corner
Counter
Country

Crazy
Crocodile
Cud
Cup
Cut

D

Damage
Damn
Dance
Dare
Dark
Date
Dawn
Day
Dear
Death
Dig
Do
Dog
Done
Door
Down
Dream
Drink
Drug
Dry

E

Eagle
Ear

Earth
Easy
Effect
Egg
Elephant
Else
End
English
Evening
Event
Ever
Every
Example
Excuse
Eye

F

Face
Faithfully
Family
Famous
Far
Fast
Fat
Feel
Feet
Fever
Fine
Finger
Finish
Fire
Fish

Four
Friend

G

Game
Garden
Get
Gift
Girl
Give
Go
God
Good
Greek
Guardian
Guinea

H

Habit
Hair
Half
Hand
Happy
Hat
Have
Head
Heart
Heaven
Hell
Help
Hole

Home

Hope

Hot

Hour

How

I

Ice

Idea

Ill

Image

Impression

Improvement

In

Influence

Interest

Iron

J

Jack

Jackpot

Jam

Jet

Jewel

Job

Joint

Joke

Journey

Juice

Just

Justice

K

Keel

Keen

Keep

Keeps

Kettle

Kick

Kill

Kind

Kingdom

Kiss

Kitten

Knee

Knife

Knobs

Knock

Know

L

Labour

Lady

Lamb

Land

Lane

Lap

Large

Laugh

Lead

Leap

Least

Leave

Leg	Make
Length	Making
Less	Man
Let	Manners
Life	Mark
Light	Market
Like	Marrow
Likely	Match
Line	Matter
Lines	Means
Lion	Measure
Lip	Memory
List	Mend
Load	Mention
Lock	Mercy
Log	Message
Long	Middle
Look	Might
Loose	Mile
Lord	Milk
Lose	Mill
Loss	Mind
Loud	Minds
Love	Minute
Luck	Miss
	Moment
M	Money
	Moon
Mad	More
Made	Mountains
Maid	Mouth
Main	Move

Patch

Pay

Peace

Peanuts

Pen

Penny

Peril

Person

Phone

Picture

Piece

Pig

Pile

Pillar

Pinch

Pink

Pipe

Pipeline

Piper

Piping

Piss

Pitchers

Pity

Pizza

Place

Plan

Plate

Play

Please

Pleased

Pleasure

P.M.

Pocket

Point

Poison

Pole

Poor

Post

Power

Practice

Premium

Present

Pressure

Pretty

Price

Pride

Print

Problem

Public

Pudding

Pull

Pup

Pure

Purse

Push

Put

Q

Quality

Quarter

Queen

Question

Queue

Quick

Quiet

Season
Seat
See
Sense
Serve
Shakes
Shame
Shape
Shave
Sheep
Sheet
Shelf
Shine
Shirt
Shoe
Shop
Shot
Shoulder
Show
Shut
Side
Sight
Sink
Sit
Six
Sky
Sleep
Smoke
Snake
Sock
Something
Song
Soon

Sort
Soup
Speak
Spick
Spin
Spoon
Spot
Stake
Stand
Star
State
Steam
Step
Stock
Stone
Stop
Store
Storm
Story
Straight
Straw
Street
Summer
Sure
Surprise
Sweat
Swim
System

T

Table
Tail

Talk
Tap
Task
Tears
Teeth
Tell
Temper
Ten
Terms
That
There
Thick
Thing
Think
Thread
Throat
Throes
Thunder
Tick
Tide
Time
Tinkle
Toll
Tom
Tomorrow
Tongue
Tools
Tooth
Top
Toss
Touch
Tour
Tower

Town
Track
Trail
Train
Trap
Tree
Triangle
Trick
Trooper
Trouble
Trousers
Truly
Truth
Tune
Turkey
Turn
Two

U

Ugly
Umbrage
Up
Ups
Uptake
Use
Usual

V

Value
Veg
Vengeance

Victory

View

Virtue

Voice

Vote

W

Wait

Walk

Wall

Wane

War

Warpath

Wash

Waste

Watch

Water

Way

Wear

Weather

Wedding

Weight

Well

What

Wheel

Whistle

Whole

Wick

Widow

Will

Wind

Window

Wine

Wing

Wish

Wolf

Wood

Word

World

Wrong

Y

Yarn

Year

Z

Zip

Poznámky

Mária Gryczová

Anglicko-slovenský slovník
   idiomatické väzby
   ustálené spojenia

Vydalo: Jazykové vydavateľstvo
      KNIHA - SPOLOČNÍK s.r.o.
      Belinského 18
      851 01 Bratislava